Nr. 228 Guttentagsche Sammlung Nr. 228
Deutscher Reichsgesetze
Kommentare und erläuterte Textausgaben

Einkommensteuergesetz

vom 27. Februar 1939 in der Fassung des Gesetzes Nr. 12
der Alliierten Kontrollbehörde (Kontrollrat)
vom 11. Februar 1946

Textausgabe
mit kurzen Erläuterungen
von

Dr. Hermann Wagelaar
Wirtschaftsprüfer

Berlin 1946

Walter de Gruyter & Co.

vormals G. J. Göschen'sche Verlagshandlung / J. Guttentag, Verlagsbuchhandlung / Georg Reimer / Karl J. Trübner / Veit & Comp

Archiv-Nr. 211 228
Druck: Otto Walter, Berlin SW 29 — II. 46 — 3000
Gen.-Nr. 2853

Vorwort

Die Alliierte Kontrollbehörde — Kontrollrat — hat unter dem 11. Februar 1946 das Gesetz Nr. 12, Aenderung der Gesetzgebung in bezug auf Einkommensteuer, Körperschaftsteuer und Gewinnabführung, erlassen. Dadurch hat das bisher gültige Einkommensteuergesetz vom 27. Februar 1939 in verschiedenen Bestimmungen nicht unwesentliche Aenderungen erfahren. Die neuen Bestimmungen finden ab 1 Januar 1946 Anwendung.

Der Verlag hat sich daher sofort nach Erscheinen des Gesetzes Nr. 12 entschlossen, eine Textausgabe des jetzt gültigen Gesetzes mit kurzen Erläuterungen herauszubringen. Dabei sind die Durchführungsverordnungen 1941 sowie die Richtlinien für 1941 und 1943, die noch weitgehend Gültigkeit haben, zum großen Teil mit abgedruckt worden. Eine Verarbeitung der einzelnen Artikel des Gesetzes Nr. 12 in die Paragraphen des Einkommensteuergesetzes stößt in mehreren Fällen auf Schwierigkeiten, so daß eine völlige Neuredigierung des nunmehr gültigen Einkommensteuergesetzes durch eine amtliche Stelle wünschenswert ist.

Die vorliegende Ausgabe ist für die ersten Bedürfnisse der Praxis bestimmt, die um so dringlicher sind, weil durch die Kriegsereignisse die bisher vorliegende Literatur zum größten Teil vernichtet worden ist Einer weiteren Auflage wird es vorbehalten sein, die Erläuterungen zu vertiefen. Zweifelsfragen zu klären und die kommende Rechtsprechung zu berücksichtigen.

Berlin-Frohnau, im April 1946.

Der Verfasser.

Inhaltsübersicht

Abkürzungsverzeichnis

ESDV = Einkommensteuer-Durchführungsverordnung
EStG = Einkommensteuergesetz 1939
EStR 41 = Einkommensteuer-Richtlinien für 1941
EStR 43 = Einkommensteuer-Ergänzungsrichtlinien 1943
RFH = Reichsfinanzhof, auch Sammlung seiner Entscheidungen, Band und Seite
RGBl = Reichsgesetzblatt
RStBl = Reichssteuerblatt

Einkommensteuergesetz

vom 27. Februar 1939 in der Fassung des Gesetzes Nr. 12 der Alliierten Kontrollbehörde Kontrollrat vom 11. Februar 1946.

Allgemeine Grundsätze.

Alle deutschen Steuergesetze sind ohne Unterschied der Rasse, des Glaubens, der Staatsangehörigkeit oder der politischen Einstellung anzuwenden. Alle gesetzlichen Bestimmungen, die mit diesem Grundsatz unvereinbar sind, werden aufgehoben;
insbesondere diejenigen, die vorschreiben, daß die deutschen Steuergesetze im nationalsozialistischen Geiste zu verstehen und auszulegen sind.

I. Steuerpflicht.

§ 1.

(1) Natürliche Personen, die im Inland einen Wohnsitz oder ihren gewöhnlichen Aufenthalt haben, sind unbeschränkt einkommensteuerpflichtig. Die unbeschränkte Einkommensteuerpflicht erstreckt sich auf sämtliche Einkünfte.

(2) Natürliche Personen, die im Inland weder einen Wohnsitz noch ihren gewöhnlichen Aufenthalt haben, sind beschränkt einkommensteuerpflichtig mit inländischen Einkünften im Sinn des § 49.

Das Gesetz unterscheidet die unbeschränkte und die beschränkte Einkommensteuerpflicht.

Unbeschränkt steuerpflichtig ist jemand, der im Inland seinen Wohnsitz oder gewöhnlichen Aufenthalt hat. Einen Wohnsitz im Sinne der Steuergesetze hat jemand dort, wo er eine Wohnung innehat unter Umständen, die darauf schließen lassen, daß er die Wohnung beibehalten und benutzen wird (§ 13 StAnpG).

Den gewöhnlichen Aufenthalt im Sinn der Steuergesetze hat jemand dort, wo er sich unter Umständen aufhält, die erkennen lassen, daß er an diesem Ort oder in diesem Land nicht nur vorübergehend verweilt. Unbeschränkte Steuerpflicht tritt jedoch stets dann ein, wenn der Aufenthalt im Inland länger als sechs Monate dauert. In diesem Fall erstreckt sich die Steuerpflicht auch auf die ersten sechs Monate (§ 14 Absatz 1 StAnpG).

Die Einkunftsarten für unbeschränkt einkommensteuerpflichtige Personen sind im § 2 Absatz 3 EStG aufgeführt, die inländischen Einkünfte für beschränkt einkommensteuerpflichtige Personen ergeben sich aus § 49 EStG.

Die Steuerschuld entsteht, sobald der Tatbestand verwirklicht ist, an den das Gesetz die Steuer knüpft.

Auf die Entstehung der Steuerschuld ist es ohne Einfluß, ob und wann die Steuer festgesetzt wird und wann die Steuer zu entrichten (wann sie fällig) ist (§ 3 StAnpG).

II. Einkommen.

1. Einkunftsarten, Einkünfte, Einkommen.

§ 2.

(1) Die Einkommensteuer bemißt sich nach dem Einkommen, das der Steuerpflichtige innerhalb eines Kalenderjahres bezogen hat.

(2) Einkommen ist der Gesamtbetrag der Einkünfte aus den im Absatz 3 bezeichneten Einkunftsarten nach Ausgleich mit Verlusten, die sich aus einzelnen Einkunftsarten ergeben und nach Abzug der Sonderausgaben (§ 10).

(3) Der Einkommensteuer unterliegen nur

1. Einkünfte aus Land- und Forstwirtschaft,
2. Einkünfte aus Gewerbebetrieb,

3. Einkünfte aus selbständiger Arbeit,
4. Einkünfte aus nichtselbständiger Arbeit,
5. Einkünfte aus Kapitalvermögen,
6. Einkünfte aus Vermietung und Verpachtung,
7. sonstige Einkünfte im Sinn des § 22.

Zu welcher Einkunftsart die Einkünfte im einzelnen Fall gehören, bestimmt sich nach den §§ 13 bis 24.

(4) Einkünfte im Sinn des Absatzes 3 sind

1. bei Land- und Forstwirtschaft, Gewerbebetrieb und selbständiger Arbeit der Gewinn (§§ 4 bis 7),
2. bei den anderen Einkunftsarten der Überschuß der Einnahmen über die Werbungskosten (§§ 8 und 9).

(5) Bei Land- und Forstwirtschaften und bei Gewerbetreibenden, deren Firma im Handelsregister eingetragen ist und die Bücher nach den Vorschriften des Handelsgesetzbuches ordnungsmäßig führen, ist der Gewinn aus Land- und Forstwirtschaft oder aus Gewerbebetrieb bei Ermittlung des Einkommens für das Kalenderjahr zu berücksichtigen, in dem das Wirtschaftsjahr endet. Wirtschaftsjahr ist

1. bei Land- und Forstwirten, gleichviel ob sie Bücher führen oder nicht, der Zeitraum vom 1. Juli bis zum 30. Juni,
2. bei Gewerbetreibenden der Zeitraum, für den sie regelmäßig Abschlüsse machen.

Das Einkommen eines Steuerpflichtigen setzt sich aus Einkunftsarten, so wie sie in Absatz 3 erschöpfend aufgezählt sind, zusammen.

Unter Einkünfte versteht das Gesetz die reinen Einkünfte. Von dem Gesamtbetrag der Einkünfte aller 7 Einkunftsarten können die Verluste abgesetzt werden, die sich eventuell aus anderen Einkunftsarten ergeben, sowie die Sonderausgaben des § 10 EStG. Das Ergebnis ist dann das Einkommen.

Als Zeitraum für die Ermittlung des Einkommens gilt grundsätzlich das Kalenderjahr. Bei den Einkünften aus Land- und Forstwirtschaft und aus Gewerbebetrieb wird gegebenenfalls das vom Kalenderjahr abweichende Wirtschaftsjahr für die Ermittlung des Einkommens zugrunde gelegt. Dabei wird der Gewinn desjenigen Wirtschaftsjahrs zugrunde gelegt, welches in dem betreffenden Kalenderjahr endet.

EStDV 1941

§ 1

Wirtschaftsjahr

Das Wirtschaftsjahr umfaßt einen Zeitraum von zwölf Monaten. Es darf einen Zeitraum von weniger als zwölf Monaten nur umfassen, wenn

1. ein Betrieb eröffnet oder aufgegeben wird oder
2. ein Steuerpflichtiger von regelmäßigen Abschlüssen auf einen bestimmten Tag zu regelmäßigen Abschlüssen auf einen anderen bestimmten Tag übergeht.

§ 2

Wirtschaftsjahr bei Land- und Forstwirten

(1) Macht ein Land- und Forstwirt regelmäßig Abschlüsse für ein Wirtschaftsjahr, das nicht am 30. Juni, aber an einem anderen Tag in der Zeit vom 24. Juni bis 6. Juli endet, so ist dieses Wirtschaftsjahr das Wirtschaftsjahr im Sinn des § 2 Absatz 5 Ziffer 1 des Gesetzes.

(2) Bei reiner Weidewirtschaft und reiner Viehzucht ist Wirtschaftsjahr der Zeitraum vom 1. Mai bis 30. April. Der Begriff der reinen Weidewirtschaft schließt nicht aus, daß neben Weide und Wiese auch in geringem Umfang Ackerland bewirtschaftet wird.

(3) Die Oberfinanzpräsidenten können bei Land- und Forstwirten für bestimmte Betriebsarten und für bestimmte Gebiete an Stelle der Wirtschaftsjahre, die im § 2 Absatz 5 Ziffer 1 des Gesetzes und in den obigen Absätzen 1 und 2 bezeichnet sind, einen anderen zwölf-

monatigen Zeitraum bestimmen, wenn das aus wirtschaftlichen Gründen nach der besonderen Gestaltung der Betriebe erforderlich ist. Die Bestimmung ist ortsüblich Satzes 1 kann auch für den einzelnen Fall getroffen werbekanntzumachen. Eine Bestimmung im Sinn des

EStR 1941

Ermittlungszeitraum

(1) Das Einkommen und demgemäß auch die Einkünfte und die Sonderausgaben sind § 2 Absatz 1 EStG gemäß in der Regel für ein Kalenderjahr zu ermitteln.

(2) Land- und Forstwirte haben für ihre Einkünfte aus Land- und Forstwirtschaft ein vom Kalenderjahr abweichendes Wirtschaftsjahr. Hinweis auf § 2 Absatz 5 EStG und § 2 EStDV 1941.

(3) Gewerbetreibende, deren Firma im Handelsregister eingetragen ist, dürfen § 2 Absatz 5 EStG gemäß ihre Einkünfte aus Gewerbebetrieb nach einem vom Kalenderjahr abweichenden Wirtschaftsjahr ermitteln, wenn sie Bücher nach den Vorschriften des Handelsgesetzbuchs ordnungsmäßig führen. Werden die Bücher nicht ordnungsmäßig geführt, so ist der im Kalenderjahr erzielte Gewinn maßgebend. Er ist zu schätzen. Es kann jedoch der Gewinn des vom Kalenderjahr abweichenden Wirtschaftsjahrs geschätzt und der Veranlagung zugrunde gelegt werden, wenn bei bisher ordnungsmäßiger Buchführung ausnahmsweise in einem Wirtschaftsjahr Mängel festgestellt werden.

(4) Machen Gewerbetreibende, deren Firma nicht im Handelsregister eingetragen ist, Abschlüsse auf einen anderen Zeitpunkt als den 31. Dezember, so ist das Ergebnis dieses abweichenden Wirtschaftsjahrs für die steuerliche Gewinnermittlung nicht maßgebend. Es ist dann der Gewinn zu schätzen, den der Steuerpflichtige im Kalenderjahr erzielt hat.

den.

2. Steuerfreie Einkünfte.

§ 3.

Steuerfrei sind:

a) Bezüge aus der Sozialversicherung,

b) Ruhegehälter,

c) Bezüge aus der öffentlichen Fürsorge, soweit diese Bezüge von dem Kontrollrat oder dem zuständigen Zonenbefehlshaber genehmigt sind.

Durch das Gesetz Nr. 12 der Alliierten Kontrollbehörde ist der Inhalt des § 3 wesentlich geändert und den derzeitigen Verhältnissen angepaßt worden. Fortgefallen ist vor allem die Steuerfreiheit aller Fürsorge- und Versorgungsbezüge nach dem Wehrmachtsfürsorge- und Versorgungsgesetz, ferner u. a. eventuell an Arbeitnehmer gezahlte Heirats- und Geburtsbeihilfen, ebenso die aus öffentlichen Kassen gezahlten Aufwandsentschädigungen und Reisekosten. Neu ist in der jetzigen Fassung des § 3 die Steuerfreiheit der Ruhegehälter.

3. Gewinn.

§ 4. Gewinnbegriff im allgemeinen.

(1) Gewinn ist der Unterschiedsbetrag zwischen dem Betriebsvermögen am Schluß des Wirtschaftsjahrs und dem Betriebsvermögen am Schluß des vorangegangenen Wirtschaftsjahrs, vermehrt um den Wert der Entnahmen und vermindert um den Wert der Einlagen. Entnahmen sind alle Wirtschaftsgüter (Barentnahmen, Waren, Erzeugnisse, Nutzungen und Leistungen), die der Steuerpflichtige dem Betrieb für sich, für seinen Haushalt oder für andere betriebsfremde Zwecke im Lauf des Wirtschaftsjahrs entnommen hat. Einlagen sind alle Wirtschaftsgüter (Bareinzahlungen und sonstige Wirtschaftsgüter), die der Steuerpflichtige dem Betrieb im Lauf des Wirtschaftsjahrs zugeführt hat. Bei der Ermittlung des Gewinns sind die Vorschriften über die Betriebsaus-

gaben (Absatz 4) und über die Bewertung (§ 6) zu befolgen. Der Wert des Grund und Bodens, der zum Anlagevermögen gehört, bleibt außer Ansatz.

(2) Der Steuerpflichtige darf die Vermögensübersicht (Bilanz) auch nach ihrer Einreichung beim Finanzamt ändern, soweit sie den Grundsätzen ordnungsmäßiger Buchführung unter Befolgung der Vorschriften dieses Gesetzes nicht entspricht. Darüber hinaus ist eine Änderung der Vermögensübersicht (Bilanz) nur mit Zustimmung des Finanzamts, im Rechtsmittelverfahren mit Zustimmung der Rechtsmittelbehörde zulässig.

(3) Weicht das Betriebsvermögen am Schluß des einzelnen Wirtschaftsjahrs vom Betriebsvermögen am Schluß des vorangegangenen Wirtschaftsjahrs in der Regel nicht wesentlich ab, so kann als Gewinn der Überschuß der Betriebseinnahmen über die Betriebsausgaben angesetzt werden. Dabei können wirtschaftlich ins Gewicht fallende Schwankungen im Betriebsvermögen, die in einem Wirtschaftsjahr ausnahmsweise auftreten, durch Zuschläge oder Abschläge berücksichtigt werden.

(4) Betriebsausgaben sind die Aufwendungen, die durch den Betrieb veranlaßt sind.

Gemäß § 4 ist der Gewinn grundsätzlich durch Bestandsvergleich zu ermitteln. Der Bestandsvergleich ist anzuwenden von solchen Steuerpflichtigen, die Einkünfte aus Land- und Forstwirtschaft beziehen, ferner von Kleingewerbetreibenden und Handwerkern sowie von Steuerpflichtigen mit Einkünften aus selbständiger Arbeit. Steuerpflichtige, die nach dem HGB buchführungspflichtig sind, müssen ihren Gewinn nach § 5 ermitteln. Der Unterschied liegt in folgendem:

Bei Berechnung des Gewinns gemäß § 4 ist der Wert des Grund und Bodens, der zum Anlagevermögen gehört, außer Ansatz zu lassen. Das hat zur Folge, daß auch der Erlös aus der Veräußerung von Grund und Boden oder von Teilen desselben sowie die Ausgaben zum Erwerb desselben bei der Gewinnermittlung außer Ansatz zu bleiben haben.

Hiervon abgesehen ist der Gewinnbegriff des EStG ein einheitlicher, nämlich der kaufmännische Gewinnbegriff.

Sofern das Betriebsvermögen nur unwesentlichen Schwankungen unterliegt, was bei der Mehrzahl der Land- und Forstwirte und der Kleingewerbetreibenden sowie der freien Berufe der Fall sein dürfte, so kann an Stelle des Bestandsvergleichs auch eine Ueberschußrechnung der Einnahmen über die Ausgaben vorgenommen werden.

EStDV 1941

Zu §§ 4 bis 6 des Gesetzes

§ 4

Eröffnung und Aufgabe eines Betriebs

(1) Wird ein Betrieb eröffnet oder erworben, so tritt für die Berechnung des Gewinns an die Stelle des Schlusses des vorangegangenen Wirtschaftsjahrs der Zeitpunkt der Eröffnung oder des Erwerbs des Betriebs.

(2) Wird ein Betrieb aufgegeben oder veräußert, so tritt für die Berechnung des Gewinns an die Stelle des Schlusses des Wirtschaftsjahrs der Zeitpunkt der Aufgabe oder der Veräußerung des Betriebs.

§ 5

Bewertung bei unentgeltlicher Uebertragung

(1) Wird ein Betrieb oder ein Teilbetrieb unentgeltlich übertragen, so sind bei der Ermittlung des Gewinns des bisherigen Betriebsinhabers die Wirtschaftsgüter mit den Werten anzusetzen, die sich § 6 Ziffern 1 bis 3 des Gesetzes gemäß ergeben. Der Rechtsnachfolger ist an diese Werte gebunden.

(2) Werden nur einzelne Wirtschaftsgüter unentgeltlich übertragen, so gilt für den Empfänger als Anschaffungs- oder Herstellungskosten der Betrag, den er für das einzelne Wirtschaftsgut im Zeitpunkt des Empfangs hätte aufwenden müssen.

§ 6

Einlagen

Führt der Steuerpflichtige dem Betrieb Wirtschaftsgüter zu, die vor dem 1. Januar 1925 angeschafft oder hergestellt worden sind, so gilt als Anschaffungs- oder Herstellungskosten der Betrag, den der Steuerpflichtige für die Anschaffung am 1. Januar 1925 hätte aufwenden müssen.

§ 8

Buchführender Land- und Forstwirt

Ein buchführender Land-und Forstwirt ist derjenige Land- und Forstwirt, der über den Betrieb der Land- und Forstwirtschaft Bücher ordnungsmäßig führt, die mindestens den Anforderungen der Verordnung über landwirtschaftliche Buchführung vom 5. Juli 1935 (Reichsgesetzbl. I S. 908, Reichssteuerbl. 1935 S. 955) entsprechen.

EStR 1941

7. Zugehörigkeit von Grundstücken und Grundstücksteilen zum Betriebsvermögen

(1) Es ist bei der Gewinnermittlung durch Betriebsvermögensvergleich § 4 Absatz 1 und § 5 EStG gemäß insbesondere bei Gewerbetreibenden (§ 15 EStG) und bei selbständig Tätigen (§ 18 EStG) oft streitig, ob ein Grundstück oder ein Grundstücksteil zum Betriebsvermögen gehört und wie die Einnahmen und die Ausgaben, die in Zusammenhang mit dem Grundstück oder dem Grundstücksteil stehen, zu behandeln sind. Die Entscheidung hängt in der Regel davon ab, ob das Grundstück oder der Grundstücksteil dem eigenen Betrieb des Gewerbetreibenden oder des selbständig Tätigen oder anderen Zwecken dient. Grundstücke oder Grundstücksteile dienen anderen als eigenbetrieblichen Zwecken, wenn sie zu eigenen Wohnzwecken gebraucht werden

oder wenn sie zu Wohnzwecken oder zu betrieblichen Zwecken (fremdbetriebliche Nutzung) vermietet sind. Die Frage, ob ein Grundstück oder ein Grundstücksteil zum Betriebsvermögen gehört, ist zum Teil verschieden zu beantworten, je nachdem, ob es sich handelt um

a) den Betrieb eines Gewerbetreibenden, dessen Firma nicht im Handelsregister eingetragen ist, oder den Betrieb eines selbständig Tätigen oder

b) den Betrieb eines Gewerbetreibenden, dessen Firma im Handelsregister eingetragen ist, oder den Betrieb einer Personengesellschaft.

(2) Bei Gewerbetreibenden, deren Firma nicht im Handelsregister eingetragen ist, und bei selbständig Tätigen gehören Grundstücke oder Grundstücksteile, die unmittelbar und ausschließlich für Zwecke des eigenen Betriebs genutzt werden, regelmäßig zum Betriebsvermögen.

Beispiele:

Zum Betriebsvermögen gehören grundsätzlich das Grundstück, in dem ein Arzt ausschließlich ein Entbindungsheim unterhält; der Teil des Einfamilienhauses eines Rechtsanwalts, in dem er seine Praxis ausübt; das Garagengrundstück eines Fuhrunternehmers; der Teil des Mietwohnhauses eines Lebensmittelhändlers, in dem er sein Lebensmittelgeschäft betreibt.

Eigenbetrieblich genutzte Grundstücksteile können aber nicht als Betriebsvermögen behandelt werden, wenn ihr Wert im Verhältnis zum Wert des ganzen Grundstücks von untergeordneter Bedeutung ist. Ein Grundstücksteil ist in der Regel nicht mehr von untergeordneter Bedeutung, wenn sein Wert mehr als ein Fünftel des Werts des ganzen Grundstücks oder mehr als 10 000 RM beträgt.

Beispiele:

A. Ein Steuerpflichtiger unterhält im eigenen Haus eine Tischlerei. Der Wert des ganzen Grundstücks beträgt 50 000 RM. Der Wert des eigenbetrieblich genutzten Grundstücksteils beträgt 15 000 RM.

Der eigenbetrieblich genutzte Grundstücksteil ist als Betriebsvermögen zu behandeln.

B. Ein Arzt übt seine ärztliche Praxis im eigenen Haus aus. Der Wert des ganzen Grundstücks beträgt 45 000 RM. Der Wert des eigenbetrieblich genutzten Grundstücksteils beträgt 8000 RM.

Der eigenbetrieblich genutzte Grundstücksteil kann nicht als Betriebsvermögen behandelt werden, weil sein Wert nicht mehr als ein Fünftel des Werts des ganzen Grundstücks ausmacht und auch 10 000 RM nicht übersteigt.

(3) Grundstücke oder Grundstücksteile gehören bei Gewerbetreibenden, deren Firma nicht im Handelsregister eingetragen ist, und bei selbständig Tätigen grundsätzlich nicht zum Betriebsvermögen, sondern zum Privatvermögen, wenn sie von dem Gewerbetreibenden oder dem selbständig Tätigen zu eigenen Wohnzwecken genutzt oder von ihm zu Wohnzwecken oder zu Betriebszwecken vermietet werden.

Beispiel:

Ein Gewerbetreibender, dessen Firma nicht im Handelsregister eingetragen ist, besitzt ein Haus, in dem sich zwei Läden mit geringem Nebengelaß und zwei kleine Wohnungen befinden. Der Steuerpflichtige unterhält in dem einen Laden ein Friseurgeschäft. Die eine Wohnung dient seinen eigenen Wohnzwecken; der zweite Laden ist an einen Tabakwarenkleinhändler, die zweite Wohnung an einen Beamten vermietet. Der Wert des ganzen Grundstücks beträgt 30 000 RM. Der Wert jedes Ladens und jeder Wohnung beträgt 7500 RM.

Der Laden, den der Steuerpflichtige für sein Friseurgeschäft benutzt, ist als Betriebsvermögen zu behandeln. Der andere Laden und die beiden Wohnungen gehören zum Privatvermögen des Steuerpflichtigen.

(4) Für Gewerbetreibende, deren Firma im Handelsregister eingetragen ist, gilt wegen der Zugehörigkeit eigenbetrieblich genutzter Grundstücke oder Grundstücksteile Absatz 2 Satz 1 sinngemäß. Ein Gewerbetreibender, dessen Firma im Handelsregister eingetragen ist, kann auch Grundstücke oder Grundstücksteile, die er zu Wohnzwecken oder zu betrieblichen Zwecken vermietet, in sein Betriebsvermögen aufnehmen. Der Teil eines Grundstücks, der eigenbetrieblich oder durch Vermietung genutzt wird, kann aber nicht als Betriebsvermögen behandelt werden, wenn der andere Teil des Grundstücks eigenen Wohnzwecken dient und wenn der Wert des eigenbetrieblich oder durch Vermietung genutzten Teils im Verhältnis zum Wert des ganzen Grundstücks von untergeordneter Bedeutung ist. Hinweis auf das RFH-Urteil vom 6. November 1935 (Reichssteuerbl. 1936 S. 278). Wann ein Grundstücksteil von untergeordneter Bedeutung ist, ergibt sich aus Absatz 2 Satz 3. Ein Gewerbetreibender, dessen Firma im Handelsregister eingetragen ist, kann auch den zu Eigenwohnzwecken genutzten Teil eines Grundstücks in sein Betriebsvermögen aufnehmen, wenn

sein Wert weniger als die Hälfte des Werts des ganzen Grundstücks beträgt und der andere Teil des Grundstücks als Betriebsvermögen behandelt wird. Grundstücke und Grundstücksteile, die nicht eigenbetrieblich genutzt werden, sind jedoch in jedem Fall nur dann zum Betriebsvermögen zu rechnen, wenn sie in der Buchführung und in den Hauptabschlußbilanzen eindeutig als Betriebsvermögen behandelt werden.

Beispiel:

Ein Gewerbetreibender, dessen Firma im Handelsregister eingetragen ist, unterhält in einem Teil seines Grundstücks ein Großhandelsgeschäft. Er vermietet einen anderen Teil des Grundstücks teils zu Wohnzwecken und teils zu Betriebszwecken an Fremde. Er benutzt außerdem einen Teil des Grundstücks zu Eigenwohnzwecken. Der Wert des ganzen Grundstücks beträgt 150 000 RM, der Wert jedes der drei verschieden genutzten Grundstücksteile beträgt je 50 000 RM.

Der für das eigene Großhandelsgeschäft genutzte Teil muß als Betriebsvermögen behandelt werden, der an Fremde vermietete Teil kann als Betriebsvermögen behandelt werden. Der zu Eigenwohnzwecken benutzte Teil kann als Betriebsvermögen behandelt werden, wenn der an Fremde vermietete Teil als Betriebsvermögen behandelt wird, weil dann der Wert des als Betriebsvermögen behandelten Grundstücksteils mehr als die Hälfte und der Wert des zu Eigenwohnzwecken benutzten Grundstücksteils weniger als die Hälfte des ganzen Grundstücks beträgt.

(5) Die Finanzämter brauchen es nicht zu beanstanden, wenn Grundstücksteile abweichend von den obigen Grundsätzen (Absätze 2 bis 4) buchmäßig als Betriebsvermögen behandelt werden. Eine etwaige Veräußerung des Grundstücks und eine etwaige Abschreibung auf den niedrigeren Teilwert dürfen sich aber auch in solchen Fällen nur insoweit auf den Gewinn auswirken, als dadurch der Teil des Grundstücks betroffen wird, der eigenbetrieblich genutzt wird oder gemäß Absatz 4 Satz 2 als Betriebsvermögen behandelt worden ist.

(6) Aus eigenbetrieblich genutzten Grundstücken oder Grundstücksteilen werden meist keine Einnahmen erzielt. Soweit Entgelte für die Nutzung von eigenbetrieblich genutzten Grundstücken oder Grundstücksteilen erzielt werden (z. B. bei Vermietung von Sälen in Gastwirtschaften), sind sie stets Betriebseinnahmen. Das gleiche gilt von allen Entgelten, die für die Nutzung von Grundstücken oder Grundstücksteilen erzielt werden, die Absatz 4 Satz 2 gemäß als Betriebsvermögen behandelt werden. Aufwendungen für Grundstücke oder Grundstücksteile,

die eigenbetrieblich genutzt oder Absatz 4 Satz 2 gemäß als Betriebsvermögen behandelt werden, sind stets Betriebsausgaben. Die Finanzämter brauchen es jedoch nicht zu beanstanden, wenn

a) Gewerbetreibende und selbständig Tätige die Aufwendungen (einschließlich der Absetzungen für Abnutzung) für einen eigenbetrieblich genutzten Grundstücksteil, der von untergeordneter Bedeutung ist und deshalb nicht als Betriebsvermögen behandelt werden kann (Absätze 2 und 4) und die etwaigen Einnahmen aus einem solchen Grundstücksteil bei der Berechnung der Einkünfte aus Vermietung und Verpachtung ansetzen,

b) Gewerbetreibende, deren Firma im Handelsregister eingetragen ist, die Aufwendungen (einschließlich der Absetzungen für Abnutzung) für einen Grundstücksteil, der eigenen Wohnzwecken dient und dessen Wert mehr als die Hälfte des Werts des ganzen Grundstücks beträgt (Absatz 4), als Betriebsausgaben behandeln. Der Nutzungswert der eigenen Wohnung in dem Grundstück ist in diesem Fall als Betriebseinnahme anzusetzen,

c) Gewerbetreibende, deren Firma nicht im Handelsregister eingetragen ist, und selbständig Tätige die Einnahmen und die Ausgaben (einschließlich der Absetzungen für Abnutzung), die ein nur zum Teil eigenbetrieblich genutztes Grundstück betreffen, ganz als Betriebseinnahmen und Betriebsausgaben oder ganz als Einnahmen und Werbungskosten bei den Einkünften aus Vermietung und Verpachtung behandeln.

Der Inhaber eines Betriebs kann jedoch für das eigenbetrieblich genutzte Grundstück oder für den eigenbetrieblich genutzten Teil des eigenen Grundstücks in keinem Fall Miete als Betriebsausgabe absetzen. Er kann deshalb eine solche Miete auch nicht als Einnahme aus Vermietung und Verpachtung ansetzen.

(7) Gehört ein Grundstück, das unentgeltlich erworben oder vor dem 1. Januar 1925 angeschafft oder hergestellt worden ist, nur teilweise zum Betriebsvermögen, so sind die Absetzungen für Abnutzung für das ganze Grundstück nach dem Wert zu bemessen, der maßgebend wäre, wenn

das ganze Grundstück zum Betriebsvermögen gehören würde. § 9 Ziffer 1 EStDV 1941 gilt nur für solche Grundstücke, die ausschließlich zum Privatvermögen der Steuerpflichtigen gehören.

(8) Grundstücke, die sich im Gesamthandseigentum der Gesellschafter einer Personengesellschaft befinden, sind in der Regel notwendiges Betriebsvermögen. Werden solche Grundstücke aber nur von einzelnen Gesellschaftern zu Wohnzwecken benutzt, so ist das Grundstück als Privatvermögen dieser Gesellschafter zu behandeln.

(9) Grundstücke oder Grundstücksteile, die von einer Personengesellschaft genutzt werden, aber nicht der Gesamtheit der Gesellschafter, sondern nur einem oder einigen Gesellschaftern gehören, sind notwendiges Betriebsvermögen, wenn sie eine wesentliche Grundlage für den Betrieb der Personengesellschaft bilden, das heißt, wenn sie dem Betrieb der Personengesellschaft ausschließlich und unmittelbar dienen. Hinweis auf das RFH-Urteil vom 29. September 1937 (Reichssteuerbl. 1937 S. 1204). Das gilt auch dann, wenn bei der Einbringung eines Grundstücks in die Personengesellschaft vereinbart worden ist, daß Gewinne und Verluste aus dem Grundstück ausschließlich den einbringenden Gesellschafter treffen. Hinweis auf das RFH-Urteil vom 4. Januar 1939 (Reichssteuerbl. 1939 S. 284). Die Aufnahme von Vermögensgegenständen eines Gesellschafters in die Hauptabschlußbilanz der Personengesellschaft beweist in der Regel die Zugehörigkeit zum Betriebsvermögen. Hinweis auf das RFH-Urteil vom 23. März 1938 (Reichssteuerbl. 1938 S. 565). Ein Grundstück, das nur Eigenwohnzwecken der Gesellschafter dient, wird aber nicht dadurch Betriebsvermögen, daß es buchmäßig als Betriebsvermögen behandelt wird. Hinweis auf das RFH-Urteil vom 5. Februar 1936 (Reichssteuerbl. 1936 S. 726). Es kommt für die einkommensteuerliche Behandlung nicht darauf an, wie ein Grundstück § 49 RBewDV gemäß bei der Einheitsbewertung behandelt worden ist.

(10) Das Entgelt, das eine Personengesellschaft an ihre Gesellschafter für die Ueberlassung eines Grundstücks oder Grundstücksteils zu betrieblichen Zwecken

zahlt, ist bei der einheitlichen Gewinnfeststellung zunächst als Betriebsausgabe zu behandeln. Das gilt auch, wenn das Grundstück nur einem oder einigen, aber nicht allen Gesellschaftern der Personengesellschaft gehört. Das Entgelt, das der einzelne Gesellschafter erhält, ist jedoch § 15 Ziffer 2 EStG gemäß bei der einheitlichen Gewinnfeststellung seinem vertragsmäßigen Gewinnanteil hinzuzurechnen.

8. Berichtigung und Aenderung der Vermögensübersicht.

(1) Buchführende Steuerpflichtige dürfen § 4 Absatz 2 EStG gemäß die Vermögensübersicht (Bilanz) auch nach der Einreichung beim Finanzamt unter bestimmten Voraussetzungen ändern.

(2) Ist ein Ansatz in der Vermögensübersicht unrichtig, so kann der Steuerpflichtige die Unrichtigkeit durch eine entsprechende Mitteilung an das Finanzamt beseitigen. Der Vorgang heißt „Bilanzberichtigung". Ein Ansatz in der Vermögensübersicht ist unrichtig, wenn er unzulässig ist, das heißt, wenn er gegen zwingende Vorschriften des Einkommensteuerrechts oder des Handelsrechts oder gegen die einkommensteuerrechtlich zu beachtenden Grundsätze ordnungsmäßiger Buchführung verstößt. Eine Bilanzberichtigung nach Rechtskraft der Veranlagung führt in der Regel nur dann zu einer Veranlagungsberichtigung, wenn die Voraussetzungen des § 222 AO. vorliegen. Hinweis auf das RFH-Urteil vom 15. Februar 1939 (Reichssteuerbl. 1939 S. 393).

(3) Es gibt Fälle, in denen steuerrechtlich und handelsrechtlich verschiedene Ansätze zulässig sind und der Steuerpflichtige demgemäß die Wahl hat, so oder so zu verfahren. Durch die Einreichung der Steuererklärung an das Finanzamt hat der Steuerpflichtige seine Entscheidung getroffen. Eine Aenderung dieser Entscheidung zugunsten eines anderen zulässigen Ansatzes ist eine „Bilanzänderung". Eine solche ist nur mit Zustimmung des Finanzamts, im Rechtsmittelverfahren nur mit Zustimmung der Rechtsmittelbehörde zulässig. Sie kann nur vor Rechtskraft der Veranlagung, spätestens vor Erlaß der Anfechtungsentscheidung beantragt werden, weil

nach Erlaß der Anfechtungsentscheidung neues tatsächliches Vorbringen zum streitigen Sachverhalt nicht mehr berücksichtigt werden kann.

(4) Das Begehren nach einer Bilanzänderung muß wirtschaftlich begründet sein. Das wird nur selten der Fall sein. Die Zustimmung ist z. B. zu versagen, wenn der Steuerpflichtige im Laufe des Veranlagungsverfahrens oder des Rechtsmittelverfahrens die an sich zulässige Herabsetzung eines Wertansatzes verlangt, weil das Finanzamt beabsichtigt, einen anderen Wertansatz zu erhöhen. Hinweis auf das RFH-Urteil vom 1. Juli 1936 (Reichssteuerbl. 1936 S. 779).

9 Gewinnermittlung § 4 Absatz 3 EStG gemäß.

(1) Der Steuerpflichtige kann § 4 Absatz 3 EStG gemäß als Gewinn den Ueberschuß der Betriebseinnahmen über die Betriebsausgaben ansetzen, wenn das Betriebsvermögen wesentlichen Schwankungen in der Regel nicht unterliegt. Die Vorschrift gilt nicht für Steuerpflichtige, deren Betriebsvermögen wesentlichen Schwankungen nicht unterliegt, wenn sie § 160 oder § 161 Absatz 1 AO. gemäß verpflichtet sind, Bücher zu führen und auf Grund jährlicher Bestandsaufnahmen regelmäßig Abschlüsse zu machen, oder wenn sie ohne eine solche Verpflichtung regelmäßig jährliche Bestandsaufnahmen machen. Hinweis auf das RFH-Urteil vom 24. Oktober 1938 (Reichssteuerbl. 1939 S. 193).

(2) Die Anschaffungskosten für abnutzbare Anlagegüter des Betriebsvermögens können im Jahr der Verausgabung voll als Betriebsausgaben berücksichtigt werden, wenn sie für das einzelne Anlagegut 200 RM nicht übersteigen. Uebersteigen die Anschaffungskosten für ein abnutzbares Anlagegut des Betriebsvermögens 200 RM, so sind die Aufwendungen § 7 EStG gemäß zu verteilen.

(3) Wirtschaftlich ins Gewicht fallende Schwankungen im Betriebsvermögen, die in einem Wirtschaftsjahr ausnahmsweise auftreten, können bei der Gewinnermittlung § 4 Absatz 3 EStG gemäß auf Antrag des Steuerpflichtigen oder von Amts wegen durch Zuschläge oder

Abschläge berücksichtigt werden. Die Vermehrungen und die Verminderungen der Geldposten (Geldbestand, Postscheckguthaben, Bankguthaben u. dgl.) haben sich bereits bei der Gegenüberstellung der Betriebseinnahmen und der Betriebsausgaben ausgewirkt. Es sind deshalb nur Schwankungen im anderen Teil des Betriebsvermögens zu berücksichtigen. Schwankungen, die wirtschaftlich ins Gewicht fallen, liegen in der Regel nur vor, wenn der Wert dieses anderen Teils des Betriebsvermögens am Schluß des Wirtschaftsjahrs um mindestens die Hälfte höher oder niedriger ist als am Schluß des vorangegangenen Wirtschaftsjahrs.

(4) Der Uebergang von der Gewinnermittlung § 4 Absatz 3 EStG gemäß (Ueberschuß der Betriebseinnahmen über die Betriebsausgaben) zur Gewinnermittlung § 4 Absatz EStG gemäß (Bestandsvergleich) erfordert, daß Betriebsvorgänge, die bisher nicht berücksichtigt worden sind, beim ersten Bestandsvergleich berücksichtigt werden. Das gilt insbesondere für Betriebsvorgänge, die die Waren betreffen. Der Unterschiedsbetrag zwischen dem Wert der Warenbestände und der Warenforderungen abzüglich des Werts der Warenschulden beim Beginn der Gewinnermittlung gemäß § 4 Absatz 3 EStG, frühestens aber am 1. Januar 1925, und dem Wert der gleichen Posten am Schluß des Kalenderjahrs (Wirtschaftsjahrs), für das der Gewinn erstmals durch Bestandsvergleich ermittelt wird, ist dem erstmals durch Bestandsvergleich ermittelten Gewinn hinzuzurechnen oder von diesem Gewinn abzusetzen. Hinweis auf das RFH-Urteil vom 7. Dezember 1938 (Reichssteuerbl. 1939 S. 172). Das kommt nicht in Betracht, wenn der Gewinn in den Vorjahren griffweise oder nach dem Ist-Umsatz oder dem Soll-Umsatz unter Anwendung von Richtsätzen geschätzt worden ist. Hinweis auf das RFH-Urteil vom 6. März 1940 (Reichssteuerbl. 1940 S. 423).

(5) Es kann vorkommen, daß sich bei dem Uebergang zur Gewinnermittlung durch Bestandsvergleich infolge von Hinzurechnungen Absatz 4 gemäß ein außergewöhnlich hoher Gewinn und eine außergewöhnlich hohe Steuer ergeben. Führt das zu Härten für den Steuerpflichtigen, so können sie auf Antrag des Steuerpflichtigen dadurch

beseitigt werden, daß die Zurechnungsbeträge nicht voll dem Gewinn des Uebergangsjahrs hinzugesetzt, sondern auf mehrere Jahre verteilt werden.

11. Nachholung von Rückstellungen für abzugsfähige Steuern bei Berichtigungsveranlagungen.

Führen Berichtigungsveranlagungen zu abzugsfähigen Mehrsteuern (z. B. Gewerbesteuer und Umsatzsteuer), so können diese Mehrsteuern zu Lasten des Wirtschaftsjahrs verbucht werden, in dem der Steuerpflichtige mit der Nachforderung rechnen kann. Die Mehrsteuern können auf Antrag des Steuerpflichtigen aber auch in den Wirtschaftsjahren berücksichtigt werden, in die sie wirtschaftlich gehören. Den Anträgen der Steuerpflichtigen ist in der Regel zu entsprechen. Wenn es sich um hinterzogene Steuern handelt, sind die Mehrsteuern aber grundsätzlich in den Jahren zu berücksichtigen, in die sie wirtschaftlich gehören.

EStR 1943

8. Gewerbesteuer, zeitliche Berücksichtigung bei der Gewinnermittlung.

(8) Wirtschaftliche Belastungen eines Betriebs (Unkosten) wirken auf den Betriebsgewinn vermindernd und auf den Betriebsverlust erhöhend. Sie müssen demgemäß bei der Ermittlung des Betriebsergebnisses grundsätzlich in dem Umfang berücksichtigt werden, in dem sie das betreffende Wirtschaftsjahr tatsächlich belasten. Belastungsbeträge, die im Laufe des Wirtschaftsjahres verausgabt werden, stellen, soweit sie sich wirtschaftlich auf ein späteres Wirtschaftsjahr beziehen, grundsätzlich Forderungen an die kommende Geschäftszeit dar. Sie müssen bei der Aufstellung der Hauptabschlußbilanz als transitorische Ausgaben aktiviert werden. Belastungsbeträge, die auf das abgelaufene Wirtschaftsjahr entfallen, aber noch nicht verausgabt sind, stellen Schulden an die kommende Geschäftszeit dar. Sie müssen bei der Aufstellung der Hauptabschlußbilanz als rückständige oder später fällige Unkosten oder als Rückstellungen passiviert werden.

(9) Es sind schon in der Vergangenheit Fälle vorgekommen, in denen es nicht leicht war, den genauen Betrag an Gewerbesteuer festzustellen, der noch das abgelaufene Wirtschaftsjahr belastete, aber erst später fällig war. Es handelte sich dabei insbesondere um die Fälle, in denen im Zeitpunkt der Aufstellung der Hauptabschlußbilanz die Veranlagung für den in Betracht kommenden Erhebungszeitraum noch nicht durchgeführt war und demgemäß der genaue Betrag der Abschlußzahlung noch nicht feststand. Es mußte in diesen Fällen der Teil der Gewerbesteuer, der noch das abgelaufene Wirtschaftsjahr belastete, aber als Abschlußzahlung erst später festgestellt und fällig wurde, geschätzt und als Rückstellung passiviert werden. Durch § 2 GewStVV vom 31. März 1943 ist der Gewerbeertrag-Bemessungszeitraum mit dem Gewerbesteuer-Erhebungszeitraum zusammengelegt worden. Danach wird es in fast allen Fällen unmöglich sein, im Zeitpunkt der Aufstellung der Hauptabschlußbilanz den genauen Betrag der etwa erforderlichen Gewerbesteuer-Abschlußzahlung festzustellen; denn es kann in diesem Zeitpunkt in keinem Fall die Veranlagung bereits durchgeführt sein. Außerdem würde bei der Berechnung der Jahressteuer von einem gewerblichen Gewinn ausgegangen werden müssen, bei dessen Feststellung die zu berechnende Jahressteuer (einschließlich Abschlußzahlung) bereits voll als wirtschaftliche Belastung (Unkosten) berücksichtigt ist. Diese Berechnung würde ein sehr umständliches mathematisches Verfahren erfordern und den meisten Gewerbesteuerpflichtigen unmöglich sein. Dieser veränderten Lage, die sich aus der Zusammenlegung des Bemessungszeitraums mit dem Erhebungszeitraum ergibt, wird durch eine Vereinfachungsmaßnahme entsprochen, die § 6 der Zweiten GewStVV vom 16 November 1943 vorschreibt. Danach darf die Gewerbesteuer nach dem Gewerbeertrag und nach dem Gewerbekapital für steuerliche Zwecke nur insoweit zu Lasten eines Wirtschaftsjahres genommen werden, als sie in diesem Wirtschaftsjahr fällig geworden ist. Ein Bilanzpassivposten wegen später fälliger Gewerbesteuer kommt demgemäß nicht mehr in Betracht. Es brauchen infolgedessen bei der Aufstel-

lung der Hauptabschlußbilanz auch keinerlei schwierige Berechnungen wegen der etwa erforderlichen Gewerbesteuer-Abschlußzahlung vorgenommen zu werden. Es kann als Bilanzpassivposten nur noch rückständige Gewerbesteuer in Betracht kommen. Darunter sind Gewerbesteuerbeträge zu verstehen, die im abgelaufenen Wirtschaftsjahr fällig geworden, aber am Schluß des Wirtschaftsjahres noch nicht entrichtet sind.

EStR 1941

16. Mitarbeit von Kindern im gewerblichen Betrieb.

Vergütungen an volljährige Kinder, die in einem gewerblichen Betrieb der Eltern oder eines Elternteils eine Arbeitskraft ersetzen, sind in der Regel nicht Unterhaltsbeiträge, sondern entweder Arbeitslohn oder Gewinnbeteiligung aus Mitinhaberschaft. Die Gewährung freier Wohnung und freier Verpflegung ist dabei als Teil des Arbeitslohns oder der Gewinnbeteiligung zu behandeln.

EStR 1943

11. Mitarbeit von Kindern im gewerblichen Betrieb.

(1) Nicht nur bei volljährigen, sondern auch bei minderjährigen Kindern, die in einem gewerblichen Betrieb der Eltern oder eines Elternteils eine Arbeitskraft ersetzen, stellt die Vergütung in der Regel Arbeitslohn oder Gewinnbeteiligung aus Mitinhaberschaft dar. Die Gewährung freier Wohnung und freier Verpflegung ist dabei als Teil des Arbeitslohnes oder der Gewinnbeteiligung zu behandeln. Der Begriff „Arbeitslohn" setzt voraus, daß ein ernsthaft gewolltes Arbeitsverhältnis gegeben ist. Ein solches wird in der Regel angenommen werden können, wenn von der Vergütung Lohnsteuer und Sozialversicherungsbeiträge einbehalten und an die zuständigen Stellen abgeführt werden.

(2) Die Einkünfte, die minderjährige Kinder aus dem Betrieb des Haushaltsvorstands beziehen, sind mit den Einkünften des Haushaltsvorstands zusammenzurechnen, wenn die Kinder zum Haushalt des Steuerpflichtigen gehören und dem Steuerpflichtigen Kinderermäßigung für die Kinder zusteht (§ 27 Absatz 1 EStG). Die Einkünfte

der minderjährigen Kinder sind, wenn sie als Arbeitslohn zu behandeln sind, bei dem Haushaltsvorstand als Einkünfte aus nichtselbständiger Arbeit anzusetzen.

§ 5. Gewinn bei Vollkaufleuten.

Bei Gewerbetreibenden, deren Firma im Handelsregister eingetragen ist, ist für den Schluß des Wirtschaftsjahres das Betriebsvermögen anzusetzen (§ 4 Abs. 1 Satz 1), das nach den Grundsätzen ordnungsmäßiger Buchführung auszuweisen ist. Die Vorschriften über die Entnahmen und die Einlagen (§ 4 Abs. 1), über die Zulässigkeit der Bilanzänderung (§ 4 Abs. 2), über die Betriebsausgaben (§ 4 Abs. 4) und über die Bewertung (§ 6) sind zu befolgen.

Bei buchführungspflichtigen Kaufleuten ist die Handelsbilanz für die Ermittlung des Gewinns zugrunde zu legen; dieselbe ist gegebenenfalls nach steuerlichen Vorschriften zu berichtigen. Die Grundsätze ordnungsgemäßer Buchführung ergeben sich aus den Bestimmungen der §§ 39, 40, 261 HGB.

EStR 1941

28. Bedeutung der Eintragung im Handelsregister.

§ 5 EStG 1939 gilt nur für Gewerbetreibende, deren Firma im Handelsregister eingetragen ist. Ob ein Steuerpflichtiger einkommensteuerrechtlich als Gewerbetreibender anzusehen ist, ist gemäß § 15 EStG zu beurteilen. Die Eintragung im Handelsregister ist nicht entscheidend. Es kann vorkommen, daß trotz der Eintragung im Handelsregister steuerrechtlich ein Gewerbebetrieb nicht anzunehmen ist.

Beispiele:

Ein Saatzuchtbetrieb, der im Handelsregister eingetragen ist, gehört steuerrechtlich zur Land- und Forstwirtschaft. — Zwei Steuerberater, die sich auf die Ausübung der freien Berufstätigkeit beschränken, haben sich in der Form einer eingetragenen Offenen Handelsgesellschaft zusammengeschlossen. Sie haben trotz der Eintragung im Handelsregister keinen Gewerbebetrieb.

29. Bestandsaufnahme.

(1) Der buchführungspflichtige Kaufmann hat § 39 Absatz 2 HGB. gemäß grundsätzlich jährlich eine Inventur und eine Bilanz aufzustellen. Eine Ausnahme von diesem Grundsatz enthält § 39 Absatz 3 HGB. Diese Vorschrift lautet:

„Hat der Kaufmann ein Warenlager, bei dem nach der Beschaffenheit des Geschäfts die Aufnahme des Inventars nicht füglich in jedem Jahre geschehen kann, so genügt es, wenn sie alle zwei Jahre erfolgt. Die Verpflichtung zur jährlichen Aufstellung der Bilanz wird hierdurch nicht berührt."

(2) Für steuerliche Zwecke ist die Vorschrift im § 161 AO. zu befolgen. Wenn eine der dort im Absatz 1 Ziffer 1 bezeichneten Voraussetzungen gegeben ist, sind „auf Grund jährlicher Bestandsaufnahmen regelmäßig Abschlüsse zu machen". Diese Vorschrift geht als steuerliche Sondervorschrift den allgemeinen Vorschriften des Handelsgesetzbuchs vor. Gewerbetreibende, die unter die Vorschrift im § 161 AO. fallen, haben eine Bestandsaufnahme für Steuerzwecke auch dann jährlich zu machen, wenn sie § 39 Absatz 3 HGB. gemäß eine Bestandsaufnahme nur alle zwei Jahre zu machen brauchten.

§ 6. Bewertung.

Für die Bewertung der einzelnen Wirtschaftsgüter, die dem Betrieb dienen, gilt das Folgende:

1. Wirtschaftsgüter des Anlagevermögens, die der Abnutzung unterliegen, sind mit den Anschaffungs- oder Herstellungskosten, vermindert um die Absetzungen für Abnutzung nach § 7, anzusetzen. Ist der Teilwert niedriger, so kann dieser angesetzt werden. Teilwert ist der Betrag, den ein Erwerber des ganzen Betriebs im Rahme: des Gesamtkaufpreises für das einzelne Wirtschaftsgut ansetzen würde; dabei ist davon auszugehen, daß der Erwerbe. den Betrieb fortführt Bei Wirtschaftsgütern des Anlagevermögens, deren be-

triebsgewöhnliche Nutzungsdauer erfahrungsgemäß fünf Jahre nicht übersteigt, dürfen buchführende Land- und Forstwirte sowie Gewerbetreibende und Angehörige der freien Berufe, die Bücher nach den Vorschriften des Handelsgesetzbuches ordnungsmäßig führen, die Absetzungen für Abnutzung höher als nach § 7 und ohne Rücksicht auf den Teilwert bemessen. (Gilt nur für Wirtschaftsgüter, die vor dem 1. Oktober 1937 bestellt worden sind. Der Verfasser.) Bei Wirtschaftsgütern, die bereits am Schluß des vorangegangenen Wirtschaftsjahres zum Anlagevermögen des Steuerpflichtigen gehört haben, darf der Bilanzansatz nicht über den letzten Bilanzansatz hinausgehen.

2. Andere als die in Ziffer 1 bezeichneten Wirtschaftsgüter des Betriebs (Grund und Boden, Beteiligungen, Geschäfts- oder Firmenwert, Umlaufsvermögen) sind mit den Anschaffungs- oder Herstellungskosten anzusetzen. Statt der Anschaffungs- oder Herstellungskosten kann der niedrige Teilwert (Ziffer 1 Satz 3) angesetzt werden. Bei Wirtschaftsgütern, die bereits am Schluß des vorangegangenen Wirtschaftsjahrs zum Betriebsvermögen gehört haben, kann der Steuerpflichtige in den folgenden Wirtschaftsjahren den Teilwert auch dann ansetzen, wenn er höher ist als der letzte Bilanzansatz; es dürfen jedoch höchstens die Anschaffungs- oder Herstellungskosten angesetzt werden. Bei land- und

forstwirtschaftlichen Betrieben ist auch der Ansatz des höheren Teilwerts zulässig, wenn das den Grundsätzen ordnungsmäßiger Buchführung entspricht.

3. Verbindlichkeiten sind unter sinngemäßer Anwendung der Vorschriften der Ziffer 2 anzusetzen.

4. Entnahmen des Steuerpflichtigen für sich, für seinen Haushalt oder für andere betriebsfremde Zwecke sind mit dem Teilwert anzusetzen.

5. Einlagen sind mit dem Teilwert für den Zeitpunkt der Zuführung, höchstens jedoch mit den tatsächlichen Anschaffungs- oder Herstellungskosten anzusetzen.

6. Bei Eröffnung eines Betriebs oder entgeltlichen Erwerb eines Betriebs sind die Wirtschaftsgüter mit dem Teilwert, höchstens jedoch mit den tatsächlichen Anschaffungs- oder Herstellungskosten anzusetzen.

Bei der Aufstellung der Bilanz ist die Frage der Bewertung von ausschlaggebender Bedeutung.

Das Gesetz unterscheidet zwischen Anschaffungs- bzw. Herstellungskosten und dem Teilwert. Der Teilwert ist als neuer Wertbegriff seit 1934 in das Einkommensteuergesetz eingeführt. Nach der Rechtsprechung des RFH ist Teilwert der Betrag, den ein Erwerber des ganzen Betriebs im Gesamtkaufpreis für das einzelne Wirtschaftsgut ansetzen würde. Dabei ist davon auszugehen, daß der Erwerber den Betrieb forsetzt.

Die Begründung zu § 6 EStG 1934 (RStBl. 35, 38) versteht unter Anschaffungskosten die Kosten des entgeltlichen Erwerbs einschließlich aller Nebenkosten. Nach der Rechtsprechung des RFH gehören zu den Anschaffungskosten außer dem Kaufpreis alle Aufwendungen, die der Käufer machen muß, um die Kaufsache zu erhalten, also auch die Transport-, Aufstellungs- und ähnliche Kosten.

Unter Herstellungskosten werden alle auf die Herstellung verwandten Kosten verstanden. Die steuerlich maßgebenden Herstellungskosten beruhen auf den Selbstkosten, hierzu gehören auch die Fertigungsgemeinkosten.

EStR 1941

34. Fertigungsgemeinkosten.

(1) Fertigungsgemeinkosten sind ein Teil der Selbstkosten. Die Selbstkosten setzen sich zusammen aus den Werkstoffkosten, den Fertigungslöhnen, den Gemeinkosten und den Sonderkosten. Die Gemeinkosten setzen sich zusammen aus den Fertigungsgemeinkosten und den Verwaltungs- und Vertriebs(gemein)kosten. Wegen der hauptsächlichsten Kostenarten der Fertigungsgemeinkosten Hinweis auf Nr. 25 der Leitsätze für die Preisermittlung auf Grund der Selbstkosten bei Leistungen für öffentliche Auftraggeber (LSOe) vom 15. November 1938 (Reichsgesetzbl. I S. 1624). Allgemeine Verwaltungskosten, die danach nicht zu den Fertigungsgemeinkosten gehören, und Vertriebskosten gehören nicht zu den Herstellungskosten. Sonderkosten können zu den Herstellungskosten gehören, soweit sie zur Fertigstellung der Erzeugnisse im einzelnen aufgewendet werden müssen und nicht zu den allgemeinen Verwaltungskosten oder den Vertriebskosten zu rechnen sind. Hinweis auf Nr. 34 und folgende der LSOe.

(2) Die Fertigungsgemeinkosten gehören zu den Herstellungskosten im Sinn des § 6 EStG. Sie sind steuerlich zu berücksichtigen, einerlei, wie in der Handelsbilanz verfahren ist. Der niedrigere Teilwert kann statt der Herstellungskosten (einschließlich der Fertigungsgemeinkosten) nur dann angesetzt werden, wenn nachgewiesen wird, daß ein Käufer des Betriebs weniger bezahlen würde als den üblichen Aufwand für die Herstellung der Erzeugnisse. Hinweis auf das Gutachten des RFH vom 4. Februar 1939 (Reichssteuerbl. 1939 S. 321) und das RFH-Urteil vom 11. Januar 1939 (Reichssteuerbl. 1939 S. 323).

(3) Von den Steuern, die unter Nr. 25 Buchstabe i LSOe als Fertigungsgemeinkosten bezeichnet sind, gehören die Steuern vom Einkommen und die Vermögensteuer steuerrechtlich nicht zu den abzugsfähigen Betriebsausgaben und auch nicht zu den Fertigungsgemeinkosten. Dazu und auch wegen der Verwaltungskosten,

die nicht zu berücksichtigen sind, Hinweis auf das RFH-Urteil vom 21. November 1939/5. März 1940 (Reichssteuerbl. 1940 S. 683).

(4) Die Gewerbesteuer wird in den LSOe unter Nr. 25 Buchstabe i (Fertigungsgemeinkosten) und Nr. 27 Buchstabe i (Verwaltungsgemeinkosten)* angeführt. Sie gehört deshalb anteilig zu den Herstellungskosten. Der Anteil, der auf die Herstellungskosten entfällt, ist zu schätzen.

(5) Ich bin damit einverstanden, daß entgegen dem im Absatz 3 bezeichneten RFH-Urteil die Aufbringungsumlage nicht zu den Herstellungskosten gerechnet wird. Sie ist in den LSOe nur unter Nr. 27 Buchstabe i (Verwaltungsgemeinkosten), nicht aber auch unter Nr. 25 Buchstabe i (Fertigungsgemeinkosten) aufgeführt.

(6) Es kann dahingestellt bleiben, ob betriebswirtschaftlich die Zinsen vom Fremdkapital anteilig zu den Herstellungskosten gehören. Ich bin damit einverstanden, daß die Fremdkapitalzinsen nicht zu den Herstellungskosten gerechnet werden. Zinsen vom Eigenkapital dürfen in keinem Fall zu den Herstellungskosten gerechnet werden.

38. Bewertung der Schulden.

(1) Schulden sind § 6 Ziffer 3 EStG gemäß unter sinngemäßer Anwendung des § 6 Ziffer 2 EStG mit dem Gegenwert (Verfügungsbetrag) anzusetzen, der dem Schuldner zugeflossen ist. Dieser stimmt in der Regel mit dem Betrag überein, den der Schuldner insgesamt zu entrichten hat (Tilgungsbetrag).

(3) Darlehensschulden, deren Verfügungsbetrag unter dem Nennbetrag liegt und die mit dem Nennbetrag zurückgezahlt werden müssen, sind mit dem Verfügungsbetrag anzusetzen. Der Unterschiedsbetrag zwischen dem Nennbetrag und dem Verfügungsbetrag ist auf die Laufzeit des Darlehens zu verteilen.

Beispiel:

Nennbetrag der Darlehensschuld	20 000 RM
Verfügungsbetrag	19 000 RM
Unterschiedsbetrag (Abgeld)	1 000 RM

Laufzeit des Darlehens zehn Jahre.

Schuldbetrag auf dem Darlehenskonto . . . . . . 19 000 RM

Daneben ist ein Abgeldkonto zu bilden.

Es ist am Ende des ersten Jahres anzusetzen mit 100 RM
und fortlaufend um jährlich . . . . 100 RM
bis auf . . . . 1000 RM
am Ende des zehnten Jahres zu erhöhen.

39. Einlagen.

(1) Einlagen, die in Sachwerten bestehen, sind mit den Anschaffungs- oder Herstellungskosten oder mit dem etwa niedrigeren Teilwert anzusetzen. Es ist dabei einerlei, zu welchem Zweck die eingebrachten Wirtschaftsgüter ursprünglich angeschafft worden sind.

(2) Die Anschaffungs- oder Herstellungskosten von Wirtschaftsgütern, die einem Betriebsvermögen entnommen worden sind und ihm später als Einlage wieder zugeführt werden, entsprechen dem Teilwert im Zeitpunkt der Entnahme aus dem Betriebsvermögen.

(3) Die Anschaffungs- oder Herstellungskosten abnutzbarer Anlagegüter des Betriebsvermögens sind um die Absetzungen für Abnutzung zu kürzen, die auf die Zeit vor ihrer Einbringung in den Betrieb entfallen.

§ 7. Absetzung für Abnutzung oder Substanzverringerung.

(1) Bei Gebäuden und sonstigen Wirtschaftsgütern, deren Verwendung oder Nutzung durch den Steuerpflichtigen zur Erzielung von Einkünften sich erfahrungsgemäß auf einen Zeitraum von mehr als einem Jahr erstreckt, kann jeweils für ein Jahr der Teil der Anschaffungs- oder Herstellungskosten abgesetzt werden, der bei Verteilung dieser Kosten auf die Gesamtdauer der Verwendung oder Nutzung auf ein Jahr entfällt (Absetzung für Abnutzung). Die Absetzung bemißt sich hierbei nach der betriebsgewöhnlichen Nutzungsdauer des Wirtschaftsguts. Absetzun-

gen für außergewöhnliche technische oder wirtschaftliche Abnutzung sind zulässig.

(2) Bei Bergbauunternehmen, Steinbrüchen und anderen Betrieben, die einen Verbrauch der Substanz mit sich bringen, sind Absetzungen für Substanzverringerung zulässig. Absatz 1 ist entsprechend anzuwenden.

Ausgangspunkt für die Berechnung der Absetzungen oder Substanzverringerungen sind die Anschaffungs- oder Herstellungskosten. Die jährlichen Absetzungen sind grundsätzlich in der Weise zu berechnen, daß die Anschaffungs- bzw. Herstellungskosten auf die Gesamtdauer der Verwendung oder Nutzung verteilt werden. Darüber hinaus sind Absetzungen für außergewöhnliche technische oder wirtschaftliche Abnutzung zulässig.

EStR 1941, 43

(2) Eine erhöhte Abnutzung von Anlagegütern des Betriebsvermögens wird in manchen Fällen auch dadurch verursacht, daß Instandhaltungsarbeiten nicht oder nicht in dem erforderlichen Ausmaß ausgeführt werden können. Die Nutzungsdauer des Anlageguts wird geringer, wenn es nicht laufend instand gehalten wird. Das gilt nicht nur für Maschinen und Geräte, sondern auch für Gebäude und für bauliche Anlagen.

(3) Die erhöhte Abnutzung kann bei der Ermittlung des Gewinns § 7 Absatz 1 letzter Satz EStG gemäß als außergewöhnliche technische Abnutzung durch eine erhöhte Absetzung berücksichtigt werden. Die erhöhte Absetzung für Abnutzung ist jeweils für das Kalenderjahr (Wirtschaftsjahr) zulässig, in dem die erhöhte Abnutzung eingetreten ist. Rückstellungen für unterbliebene Instandhaltung können steuerlich nicht anerkannt werden.

(4) Wegen der erhöhten Absetzungen für Abnutzung bei Gebäuden, die nicht zu einem Betriebsvermögen gehören, Hinweis auf Abschnitt 103.

Bei Betrieben, die einen Verbrauch der Substanz mit sich bringen, z. B. Bergbauunternehmungen, Steinbrüchen, Sandgruben usw., sind Absetzungen für Substanzverringerung zulässig. Die Höhe dieser Absetzungen ist im Einzelfall schwer zu berechnen, weil die Menge der vorhandenen Substanz und dementsprechend die betriebliche Nutzungsdauer meistens unbekannt ist. In der Praxis wird deshalb die in dem betreffenden Wirtschaftsjahr entnommene Substanz dieser Berechnung zugrunde gelegt.

§ 8. Einnahmen.

(1) Einnahmen sind alle Güter, die in Geld oder Geldeswert bestehen und dem Steuerpflichtigen im Rahmen einer der Einkunftsarten des § 2 Absatz 3 Ziffern 4 bis 7 zufließen.

(2) Einnahmen, die nicht in Geld bestehen (Wohnung, Kost, Waren und sonstige Sachbezüge), sind mit den üblichen Mittelpreisen des Verbrauchsorts anzusetzen.

Einnahmen im Sinne des § 8 haben diejenigen Steuerpflichtigen, denen Einkünfte aus nicht selbständiger Arbeit, aus Kapitalvermögen, aus Vermietung und Verpachtung sowie sonstige Einkünfte im Sinne des § 22 zufließen. Steuerpflichtig sind alle Einnahmen, die dem Steuerpflichtigen im Veranlagungszeitraum zugeflossen sind. Bestehen diese Einnahmen nicht in Geld oder Geldeswert, sondern in Sachbezügen, wie z. B. freier Wohnung, Kost, Deputat usw., so sind sie mit den üblichen Mittelpreisen des Verbrauchsortes anzusetzen.

§ 9. Werbungskosten.

Werbungskosten sind Aufwendungen zur Erwerbung, Sicherung und Erhaltung der Einnahmen. Sie sind bei der Einkunftsart abzuziehen, bei der sie erwachsen sind. Werbungskosten sind auch:

1. Schuldzinsen und auf besonderen Verpflichtungsgründen beruhende Renten und dauernde Lasten, soweit sie mit einer Einkunftsart in wirtschaftlichem Zusammenhang stehen;
2. Steuern vom Grundbesitz, sonstige öffentliche Abgaben und Versicherungsbeiträge, soweit solche Ausgaben sich auf Gebäude oder auf Gegen-

stände beziehen, die dem Steuerpflichtigen zur Einnahmeerzielung dienen;
3. Aufwendungen für Arbeitsmittel (Werkzeuge und Berufskleidung);
4. Absetzungen für Abnutzung und für Substanzverringerung (§ 7).

Der § 9 hat durch das Gesetz Nr. 12 der Alliierten Kontrollbehörde eine Aenderung erfahren. Fortgefallen ist die Abzugsfähigkeit der Beiträge zu Berufsständen und sonstigen Berufsverbänden, deren Zweck nicht auf einem wirtschaftlichen Geschäftsbetrieb gerichtet ist sowie die notwendigen Aufwendungen des Steuerpflichtigen für Fahrten zwischen Wohnung und Arbeitsstätte.

Die abzugsfähigen Werbungskosten müssen mit den Einnahmen zu deren Erwerbung, Sicherung oder Erhaltung sie gemacht sind, in irgendeinem mittelbaren oder unmittelbaren Zusammenhang stehen.

Die Ziffern 1—4 des § 9 stellen eine beispielsweise Aufzählung der wichtigsten Arten dar.

Absetzungen für Abnutzung kommen in Frage für Hausbesitzer, Absetzungen für Substanzverringerungen z. B. für Besitzer von Bergwerken, Steinbrüchen, Sandgruben, die selbst keinen Gewerbebetrieb damit ausüben.

EStDV 1941

Zu § 9 des Gesetzes

§ 9

Absetzung für Abnutzung oder Substanzverringerung.

Gehört ein Gebäude oder ein sonstiges Wirtschaftsgut nicht zu einem Betriebsvermögen, so sind für die Bemessung der Absetzung für Abnutzung oder Substanzverringerung als Anschaffungs- oder Herstellungskosten zugrunde zu legen:

1. bei einem Gebäude, das unentgeltlich erworben oder vor dem 1. Januar 1925 angeschafft oder hergestellt worden ist der letzte Einheitswert. Der letzte Einheitswert ist der Einheitswert, der auf den letzten Feststellungszeitpunkt (Hauptfeststellungszeitpunkt, Fortschreibungszeitpunkt oder Nachfeststellungszeitpunkt) vor dem Ende des Veranlagungszeitraums lautet;

bei einem sonstigen Wirtschaftsgut:

a) das vor dem 1. Januar 1925 angeschafft, hergestellt oder unentgeltlich erworben worden ist, der Betrag, den der Steuerpflichtige für die Anschaffung am 1. Januar 1925 hätte aufwenden müssen,

b) das nach dem 31. Dezember 1924 unentgeltlich erworben worden ist, der Betrag, den der Steuerpflichtige für die Anschaffung im Zeitpunkt des Erwerbs hätte aufwenden müssen.

§ 10

Pauschbeträge für Werbungskosten

(1) Für Werbungskosten ist bei der Veranlagung mindestens ein Pauschbetrag von je 200 Reichsmark abzusetzen:

1. bei Einkünften aus nichtselbständiger Arbeit,

2. bei Einkünften aus Kapitalvermögen, wenn die Einnahmen aus Kapitalvermögen 1500 Reichsmark nicht übersteigen und das Einkommen nach Abzug des Pauschbetrages 3000 Reichsmark nicht übersteigt,

3. bei wiederkehrenden Bezügen im Sinn des § 22 Ziff. 1 des Gesetzes, wenn die Einnahmen aus wiederkehrenden Bezügen 3000 Reichsmark nicht übersteigen.

(2) Hat die Steuerpflicht nicht während des vollen Kalenderjahrs bestanden, so ermäßigen sich die einzelnen Pauschbeträge auf 15 Reichsmark für jeden vollen Kalendermonat, in dem die Steuerpflicht bestanden hat.

EStR 1941

44. Pauschbeträge für Werbungskosten.

(1) Treffen bei einem Steuerpflichtigen mehrere der im § 10 Absatz 1 EStDV 1941 bezeichneten Einkunftsarten zusammen, so kommt ein Pauschbetrag für Werbungskosten bei jeder der bezeichneten Einkunftsarten in Betracht.

(2) Der Pauschbetrag für Werbungskosten kann bei jeder der bezeichneten Einkunftsarten nur einmal abgesetzt werden. Das gilt auch in den Fällen der Haushaltsbesteuerung (§§ 26 und 27 EStG) für die Einkünfte, die zusammen veranlagt werden.

(3) Sind die Einnahmen bei einer der im § 10 Absatz 1 EStDV 1941 bezeichneten Einkunftsarten kleiner als der Pauschbetrag, so sind nur diese abzugsfähig. Der Abzug eines Pauschbetrags kann demnach nicht zu einem Verlust bei der betreffenden Einkunftsart führen.

(4) Einkünfte aus Land- und Forstwirtschaft bleiben bei der Ermittlung der Einkommensgrenze von 3000 RM, die im § 10 Absatz 1 Ziffer 2 EStDV 1941 vorgesehen ist, aus Vereinfachungsgründen außer Betracht, wenn sie infolge der Freigrenze im § 13 Absatz 3 Satz 2 EStG nicht ermittelt zu werden brauchen.

Beispiel:

Der Steuerpflichtige hat 1200 RM Einnahmen aus Kapitalvermögen. Er bewirtschaftet einen kleinen landwirtschaftlichen Betrieb. Die Einkünfte aus diesem Betrieb sind nicht ermittelt worden, weil sie § 13 Absatz 3 Satz 2 EStG gemäß zur Einkommensteuer nicht herangezogen werden. Sie bleiben auch für die Einkommensgrenze von 3000 RM im § 10 Absatz 1 Ziffer 2 EStDV 1941 außer Betracht[1]).

(5) Die einzelnen Pauschbeträge für Werbungskosten ermäßigen sich § 10 Absatz 2 EStDV 1941 gemäß nur, wenn die persönliche Steuerpflicht (§ 1 EStG) nicht während des vollen Kalenderjahrs bestanden hat. Es ist für die Anwendung des § 10 Absatz 2 EStDV 1941 ohne Bedeutung, ob der Steuerpflichtige während des vollen Kalenderjahrs Einkünfte aus der in Betracht kommenden Einkunftsart bezogen hat.

Beispiele:

A. Der Steuerpflichtige, der aus der Knappschaftsversicherung eine monatliche Rente von 180 RM bezog, ist am 10. Mai 1941 gestorben. Seine Steuerpflicht ist am 10. Mai 1941 erloschen. Der Pauschbetrag bei den wiederkehrenden Bezügen ermäßigt sich auf 4 × 15 RM = 60 RM.

B. Der Steuerpflichtige ist bis 30. April 1941 Angestellter gewesen. Er bezieht ab 1. Mai 1941 aus der Angestelltenversicherung eine monatliche Rente von 100 RM. Es werden bei der Veranlagung für 1941 bei den Einkünften aus nichtselbständiger Arbeit und bei den wiederkehrenden Bezügen je 200 RM abgesetzt.

---

[1]) Aenderung durch Art. IX des Gesetzes Nr. 12 beachten! Siehe S. 54.

(6) Die Pauschbeträge für Werbungskosten gelten nicht bei der Veranlagung beschränkt Steuerpflichtiger.

5. Sonderausgaben.

§ 10.

(1) Sonderausgaben, die vom Gesamtbetrag der Einkünfte abzuziehen sind, sind nur die folgenden:

1. Schuldzinsen und auf besonderen Verpflichtungsgründen beruhende Renten und dauernde Lasten, die weder Betriebsausgaben oder Werbungskosten sind noch mit Einkünften in wirtschaftlichem Zusammenhang stehen, die bei der Veranlagung außer Betracht bleiben;
2. Beiträge zu Sozialversicherungen, deren Abzug vom Lohn gesetzlich zulässig ist;
3. bezahlte Vermögensteuern;
4. bei buchführenden Land- und Forstwirten und bei Gewerbetreibenden, die Bücher nach den Vorschriften des Handelsgesetzbuches führen, die in den beiden vorangegangenen Wirtschaftsjahren entstandenen Verluste aus Land- und Forstwirtschaft und aus Gewerbebetrieb, soweit sie nicht bei der Veranlagung für die vorangegangenen Kalenderjahre ausgeglichen oder abgezogen worden sind. Die Höhe des Verlustes ist nach den Vorschriften der §§ 4—7 zu ermitteln.

(2) Ergänzungen zu Absatz 1 Ziffern 2 und 3.

Die Abzüge für Sonderausgaben im Sinne des Absatzes 1 Ziffern 2 und 3 dürfen zusammen für den Steuerpflichtigen selbst RM 300 im Jahr nicht übersteigen. Dazu kommt je RM 300 im Jahr für seine

Ehefrau und jeden Angehörigen im Sinne des § 10 Ziffer 3—6 des Steueranpassungsgesetzes.

Soweit sich die Erhöhung nach der Zahl der Angehörigen bemißt, tritt sie nur ein, wenn die Angehörigen mit dem Steuerpflichtigen zusammen veranlagt werden oder wenn es sich um volljährige Kinder handelt, für die dem Steuerpflichtigen Kinderermäßigung gewährt wird.[1])

Hat die Steuerpflicht nicht während eines vollen Kalenderjahres bestanden, so ist der Jahresbetrag nach Ziffer 3 entsprechend der Zahl der vollen Monate, in denen die Steuerpflicht bestanden hat, herabzusetzen und auf volle Reichsmark nach unten abzurunden.

Durch das Gesetz Nr. 12 des Alliierten Kontrollrats sind die abzugsfähigen Sonderausgaben neu geregelt worden. Fortgefallen ist die Steuerfreiheit der Beiträge an Bausparkassen zur Erlangung von Baudarlehen. Die Bestimmung der Ziffer 2 des Absatzes 1, wonach Beiträge und Versicherungsprämien zu Kranken-, Unfall-, Haftpflicht-, Angestellten-, Invaliden- und Erwerbslosenversicherungen, zu Versicherungen auf den Lebens- oder Todesfall und zu Witwen-, Waisen-, Versorgungs- und Sterbekassen steuerfrei bleiben, ist dahin geändert, daß steuerfrei bleiben Beiträge zu Sozialversicherungen, deren Abzug vom Lohn gesetzlich zulässig ist. Neu ist die Bestimmung, daß bezahlte Vermögensteuer ebenfalls als Sonderausgaben, abzugsfähig sind. Die Höhe der abzugsfähigen Sonderausgaben ist ebenfalls neu festgesetzt worden. Sie dürfen für Sozialversicherungsbeiträge und Vermögensteuer zusammen für den Steuerpflichtigen selbst RM 300 im Jahr nicht übersteigen. Der Betrag erhöht sich um RM 300 pro Jahr für die Ehefrau und für jeden Angehörigen im Sinne des § 10 Ziffer 3—6 des Steueranpassungsgesetzes. Es sind dies:

3. Verwandte in gerader Linie und Verwandte zweiten und dritten Grades in der Seitenlinie,
4. Verschwägerte in gerader Linie und Verschwägerte zweiten Grades in der Seitenlinie,

---

[1]) Aenderung durch Artikel II des Gesetzes Nr. 12 beachten! Kinderermäßigung wird jetzt nur mehr gewährt für Kinder, die während des Steuerjahres das 21. Lebensjahr nicht vollendet haben.

b) durch Annahme an Kindes Statt in gerader Linie Verbundene,

c) Pflegeeltern und Pflegekinder.

Die Erhöhung für die Ehefrau tritt nur ein, wenn der Steuerpflichtige zu Beginn des Veranlagungszeitraums oder mindestens vier Monate im Veranlagungszeitraum verheiratet war.

ESt DV 1941

Zu § 10 des Gesetzes

§ 11

Pauschbetrag für Sonderausgaben

(1) Für Sonderausgaben im Sinn des § 10 Absatz 1 Ziffern 1 bis 3 des Gesetzes ist bei der Veranlagung mindestens ein Pauschbetrag von 200 Reichsmark abzusetzen.

(2) Hat die Steuerpflicht nicht während des vollen Kalenderjahrs bestanden, so ermäßigt sich der Pauschbetrag auf 15 Reichsmark für jeden vollen Kalendermonat, in dem die Steuerpflicht bestanden hat.

EStR 1941

58. Pauschbetrag für Sonderausgaben.

(1) Der Pauschbetrag für Sonderausgaben ermäßigt sich § 11 Absatz 2 EStDV 1941 gemäß nur, wenn die persönliche Steuerpflicht (§ 1 EStG) nicht während des vollen Kalenderjahrs bestanden hat.

Beispiel:

Der Steuerpflichtige ist am 15. März 1941 gestorben. Seine Steuerpflicht ist am 15. März 1941 erloschen. Der Pauschbetrag für Sonderausgaben ermäßigt sich bei der Veranlagung für 1941 auf 2 × 15 RM 30 RM.

(2) Der Pauschbetrag für Sonderausgaben kommt § 50 Absatz 1 EStG gemäß bei der Veranlagung beschränkt Steuerpflichtiger nicht in Betracht.

59. Verlustabzug.

(1) Der Verlustabzug steht buchführenden Land- und Forstwirten und Gewerbetreibenden, die Bücher nach den Vorschriften des Handelsgesetzbuchs führen, zu. Voraussetzung für den Verlustabzug ist jedoch nicht, daß der

Steuerpflichtige im Jahr der Vornahme des Verlustabzugs noch Land- und Forstwirt oder Gewerbetreibender ist.

(2) Der Verlustabzug steht demjenigen zu, der den Verlust erlitten hat. Er geht nicht durch Rechtsgeschäft unter Lebenden oder von Todes wegen auf einen anderen über. Der Rechtsnachfolger kann jedoch den Verlust des Rechtsvorgängers geltend machen, wenn er mit diesem im Zeitpunkt der Entstehung des Verlustes zusammen veranlagt (§§ 26 und 27 EStG) worden ist. Hinweis auf das RFH-Urteil vom 2. Juli 1941 (Reichssteuerbl. 1941 S. 658).

(3) Ein Verlust aus Land- und Forstwirtschaft oder aus Gewerbebetrieb kommt für den Verlustabzug nur insoweit in Betracht, als er bei der Veranlagung § 2 Absatz 2 EStG gemäß nicht ausgeglichen worden ist. Der Verlust ist insoweit nicht ausgeglichen, als sich beim Gesamtbetrag der Einkünfte ein Verlust ergibt.

Beispiel:

Verlust aus Land- und Forstwirtschaft . . .	— 25 000 RM
Einkünfte aus Kapitalvermögen	+ 15 000 RM
Verlust aus Vermietung und Verpachtung .	— 5 000 RM
Gesamtbetrag der Einkünfte (Verlust) . . .	— 15 000 RM

Der Verlust aus Land- und Forstwirtschaft von 25 000 RM ist in Höhe von 15 000 RM nicht ausgeglichen worden. Diese 15 000 RM kommen für den Verlustabzug in Betracht.

Wegen der Sonderfälle bei steuerabzugspflichtigen Einkünften Hinweis auf die RFH-Urteile vom 22. Januar 1941 (Reichssteuerbl. 1941 S. 379) und vom 29. Oktober 1941 (Reichssteuerbl. 1942 S. 84).

(4) Der Steuerpflichtige muß den Verlustabzug bei der Veranlagung für das Kalenderjahr, das auf das Verlustjahr folgt (Erstjahr), geltend machen. Der Verlustabzug kann bei der Veranlagung für das Zweitjahr nur insoweit geltend gemacht werden, als er bei der Veranlagung für das Erstjahr nicht vorgenommen werden konnte. Der Verlustabzug kann z. B. nicht vorgenommen werden, wenn der Steuerpflichtige nach dem Verbrauch (§ 48 EStG) besteuert wird.

(5) Wegen weiterer Einzelheiten über den Verlust abzug Hinweis auf meinen Erlaß vom 8. März 1939, S 2127 — 60 III (Reichssteuerbl. 1939 S. 433).

Verlustabzug bei der Einkommensteuer und bei der Körperschaftsteuer
(§ 10 Absatz 1 Ziffer 6 EStG 1938, § 10 Absatz 1 Ziffer 4 EStG 1939). Runderlaß vom 8. März 1939.

I. Allgemeine Bestimmungen

(1) Die Vorschrift des § 10 Absatz 1 Ziffer 6 EStG 1938 ist § 51 Absatz 1 EStG 1938 gemäß erstmals bei der Veranlagung für das Kalenderjahr 1938 anzuwenden. Sie gilt nur bei buchführenden Land- und Forstwirten und bei Gewerbetreibenden, die Bücher nach den Vorschriften des Handelsgesetzbuchs führen. Es ist gleichgültig, ob die Bücher auf Grund gesetzlicher Verpflichtung oder freiwillig geführt werden. Die Vorschrift gilt nur bei unbeschränkter Steuerpflicht.

(2) Für den Verlustabzug kommen nur Verluste in Betracht, die bei den Einkunftsarten des § 2 Absatz 3 Ziffern 1 und 2 EStG (Einkünfte aus Land- und Forstwirtschaft und Einkünfte aus Gewerbebetrieb) entstanden sind. Die Verluste sind nach den Vorschriften der §§ 4 bis 7 EStG, d. h. nach den Vorschriften über die Gewinnermittlung zu ermitteln. Vorgänge innerhalb des Betriebes, die den Gewinn nicht beeinflussen dürfen, bleiben demgemäß auch bei der Ermittlung des Verlustes unberücksichtigt. Zu diesen Vorgängen gehören z. B. Entnahmen und Einlagen, die Zahlung und Erstattung von Personensteuern. Vermögensmehrungen, die dadurch entstehen, daß Schulden zum Zweck der Sanierung ganz oder teilweise erlassen werden (Sanierungsgewinne), sind nach ständiger Rechtsprechung des Reichsfinanzhofs Vorgänge außerhalb des Betriebs. Sie beseitigen jedoch Verluste, die innerhalb des Betriebs entstanden sind.

(3) Die Verluste müssen in den beiden Wirtschaftsjahren entstanden sein, die dem Kalenderjahr vorangehen, dessen Einkommen zu veranlagen ist. Zu den Wirtschaftsjahren gehören auch Rumpfwirtschaftsjahre. Hat z. B. ein Steuerpflichtiger, der bisher regelmäßig

Abschlüsse für die Zeit vom 1. April bis 31. März machte, im Kalenderjahr 1938 sein Wirtschaftsjahr auf das Kalenderjahr umgestellt und deshalb ein Rumpfwirtschaftsjahr vom 1. April bis zum 31. Dezember 1938 eingefügt, so sind das Wirtschaftsjahr vom 1. April 1937 bis 31. März 1938 und das Rumpfwirtschaftsjahr vom 1. April 1938 bis zum 31. Dezember 1938 die beiden dem Kalenderjahr 1939 vorangegangenen Wirtschaftsjahre.

(4) Die Anwendung der Vorschrift des § 10 Absatz 1 Ziffer 6 EStG 1938 bei der Veranlagung für 1938 ergibt sich aus dem folgenden Beispiel:

Im Kalenderjahr 1937 betrugen:	
der Verlust aus Gewerbebetrieb	20 000 RM,
der Ueberschuß der Einnahmen aus Vermietung und Verpachtung	5 000 RM,
die Sonderausgaben im Sinn des § 10 Absatz 1 Ziffern 1 bis 5 EStG 1938	1 000 RM,
das Einkommen (Verlust)	— 16 000 RM.
Der in den beiden folgenden Jahren abzugsfähige Verlust beträgt aber nur (20 000 — 5000 =) . . .	15 000 RM.
Im Kalenderjahr 1938 betragen:	
der Gewinn aus Gewerbebetrieb	5 000 RM,
der Ueberschuß der Einnahmen aus Vermietung und Verpachtung	6 000 RM,
der Gesamtbetrag der Einkünfte	11 000 RM.
Davon sind zunächst abzuziehen die Sonderausgaben im Sinn des § 10 Absatz 1 Ziffern 1 bis 5 EStG 1938	1 000 RM;
und sodann von dem abzugsfähigen Verlust aus 1937 gemäß § 10 Absatz 1 Ziffer 6 EStG 1938	10 000 RM,
mithin steuerpflichtiges Einkommen 1938	0 RM.

Von dem abzugsfähigen Verlust aus 1937 in Höhe von 15 000 RM bleiben für 1939 abzugsfähig 5000 RM.

(5) Verluste aus Land- und Forstwirtschaft dürfen § 13 Absatz 3 letzter Satz EStG 1938 gemäß nur ausgeglichen oder abgezogen werden, wenn sie 1000 RM übersteigen. Für die Abzugsfähigkeit kommt es darauf an, ob der ursprünglich entstandene und abzugsfähige Verlust 1000 Reichsmark überstiegen hat.

Beispiel:

Der bei der Veranlagung für das Kalenderjahr 1937 festgestellte nicht ausgeglichene Verlust aus Land- und Forstwirtschaft betrug 2000 RM. Bei der Veranlagung für das Kalenderjahr 1938 werden davon 1200 RM § 10 Absatz 1 Ziffer 6 EStG 1938 gemäß abgezogen. Die verbleibenden 800 RM sind im Kalenderjahr 1939 abzugsfähig.

Für die Frage, ob das Einkommen im Sinn des § 13 Absatz 3 EStG 1938 8000 RM übersteigt, ist das Einkommen maßgebend, das sich nach Abzug des § 10 Absatz 1 Ziffer 6 EStG 1938 gemäß abzugsfähigen Verluste ergibt.[1])

6. Vereinnahmung und Verausgabung.

§ 11.

(1) Einnahmen sind innerhalb des Kalenderjahrs bezogen, in dem sie dem Steuerpflichtigen zugeflossen sind. Regelmäßig wiederkehrende Einnahmen, die dem Steuerpflichtigen kurze Zeit vor Beginn oder kurze Zeit nach Beendigung des Kalenderjahrs, zu dem sie wirtschaftlich gehören, zugeflossen sind, gelten als in diesem Kalenderjahr bezogen. Die Vorschriften über die Gewinnermittlung (§ 4 Absatz 1, § 5) bleiben unberührt.

(2) Ausgaben sind für das Kalenderjahr abzusetzen, in dem sie geleistet worden sind. Für regelmäßig wiederkehrende Ausgaben gilt Absatz 1 Satz 2 entsprechend. Die Vorschriften über die Gewinnermittlung (§ 4 Absatz 1, § 5) bleiben unberührt.

7. Nichtabzugsfähige Ausgaben.

§ 12.

Unbeschadet der Vorschrift des § 10 dürfen weder bei den einzelnen Einkunftsarten noch vom Gesamtbetrag der Einkünfte abgezogen werden:

1. die für den Haushalt des Steuerpflichtigen und für den Unterhalt seiner Familienangehörigen aufgewendeten Beträge. Dazu gehören auch die

---

[1]) Aenderung durch Art. IX des Gesetzes Nr. 12 beachten!

Aufwendungen für die Lebensführung, die die wirtschaftliche oder gesellschaftliche Stellung des Steuerpflichtigen mit sich bringt, auch wenn sie zur Förderung des Berufs oder der Tätigkeit des Steuerpflichtigen erfolgen,

2. freiwillige Zuwendungen und Zuwendungen an gesetzlich unterhaltsberechtigte Personen, auch wenn diese Zuwendungen auf einer besonderen Vereinbarung beruhen,
3. die Steuern vom Einkommen und sonstige Personensteuern.

EStR 1941

61. Abgrenzung der Betriebsausgaben und der Werbungskosten von den Kosten der Lebensführung.

(1) Ausgaben eines Steuerpflichtigen sind Betriebsausgaben (Werbungskosten) oder Aufwendungen für die Lebensführung. Aufwendungen für die Lebensführung sind grundsätzlich § 12 Ziffer 1 EStG gemäß nicht abzugsfähig. Solche Ausgaben können nur, soweit sie im § 10 EStG als Sonderausgaben zugelassen sind, abgezogen werden.

(2) Repräsentationsaufwendungen und Aufwendungen für Ernährung, Kleidung und Wohnung sind in der Regel Kosten der Lebensführung im Sinn des § 12 EStG. Es besteht bei solchen Aufwendungen oft ein Zusammenhang mit der gewerblichen oder beruflichen Tätigkeit des Steuerpflichtigen. Es ist dann zu prüfen, ob und in welchem Umfang die Aufwendungen ausschließlich betrieblichen (beruflichen) Zwecken dienen und nichts mit dem Privatleben zu tun haben. Dienen die Aufwendungen ausschließlich betrieblichen (beruflichen) Zwecken, so sind sie abzugsfähig. Sind die Aufwendungen nur zum Teil durch betriebliche (berufliche) Zwecke veranlaßt worden und läßt sich dieser Teil der Aufwendungen von den Ausgaben, die ganz oder teilweise der

privaten Lebensführung gedient haben, einwandfrei trennen, so sind die Aufwendungen insoweit als Betriebsausgaben (Werbungskosten) zu berücksichtigen. Der Teil der Aufwendungen, der zu berücksichtigen ist, kann gegebenenfalls geschätzt werden. Läßt sich eine Trennung der Aufwendungen in Betriebsausgaben (Werbungskosten) und in Kosten der Lebensführung nicht einwandfrei durchführen — auch nicht schätzungsweise —, so gehört der gesamte Betrag derartiger Aufwendungen § 12 Ziffer 1 EStG gemäß zu den nicht abzugsfähigen Ausgaben. Hinweis z. B. auf das RFH-Urteil vom 15. November 1939 (Reichssteuerbl. 1940 S. 28).

(3) Eine Trennung in Betriebsausgaben (Werbungskosten) und Privatausgaben ist bei der Bewirtung und bei der Unterhaltung von Geschäftsfreunden und deren Angehörigen im Haushalt des Steuerpflichtigen nicht möglich. Es muß deshalb der gesamte Betrag der Aufwendungen § 12 Ziffer 1 EStG gemäß als Privatausgabe betrachtet werden. Aufwendungen für die Bewirtung und für die Unterhaltung eines Geschäftsfreundes und seiner Angehörigen außerhalb des Haushalts sind in der Regel als Betriebsausgaben (Werbungskosten) anzuerkennen, weil sie in der Regel ausschließlich betrieblichen (beruflichen) Zwecken dienen. In den Fällen, in denen Personen zur Erlangung von Bestellungen auf Getränke und Lebensmittel Gast- und Schankwirtschaften besuchen und dort über den normalen Umfang hinaus Aufwendungen machen müssen, sind die Ausgaben nicht mehr als Kosten der privaten Lebensführung anzusehen, sondern als Aufwendungen, die im betrieblichen (beruflichen) Interesse vorgenommen sind.

(4) Die gleichen Grundsätze gelten für Geschäftsreisen von Unternehmern. Aufwendungen für solche Geschäftsreisen (Kosten der Fahrt, Verpflegung, Unterbringung u. dergl.) sind abzugsfähig, wenn die Reise ausschließlich für betriebliche (berufliche) Zwecke unternommen worden ist. Eine Trennung der Aufwendungen mit Rücksicht darauf, daß auch Beträge für die persönliche Verpflegung in den Aufwendungen enthalten sind, kommt nicht in Betracht. Die Geschäftsreise als solche hat mit

dem Privatleben nichts zu tun. Die Haushaltsersparnisse (Absatz 5) sind jedoch in einem solchen Fall zu berücksichtigen. Wird die Reise nicht nur aus betrieblichen (beruflichen), sondern auch aus privaten Gründen unternommen, muß eine einwandfreie Trennung der Aufwendungen vorgenommen werden. Ist das nicht möglich, so kommen die gesamten Aufwendungen nicht als Betriebsausgaben (Werbungskosten) in Betracht, Hinweis auf Absatz 2.

(5) Kommen nach den Ausführungen in den Absätzen 3 und 4 Aufwendungen beim Besuch von Gastwirtschaften zur Erlangung von Bestellungen oder Aufwendungen für eine Geschäftsreise als Betriebsausgaben in Betracht, so sind für die Feststellung der Haushaltsersparnis die Bestimmungen in § 4 Ziffer 2 LStDB entsprechend anzuwenden.

Beispiel:

Ein verheirateter Fabrikant hat für eine fünftägige Reise seinem Betrieb insgesamt 350 RM entnommen und nur 250 RM (einschließlich 50 RM Fahrtkosten) als für Geschäftszwecke ausgegeben glaubhaft gemacht. Der übrige Betrag von 100 RM kommt als Betriebsausgabe nicht in Betracht Der Betrag von 250 RM ist noch um die Haushaltsersparnis zu kürzen. Ist der Fabrikant nach seinen Einkommensverhältnissen mit einem Beamten der Reisekostenstufe 1 a (Gehalt über 19 000 RM) zu vergleichen, so ist für jeden Reisetag eine Haushaltsersparnis von 20 Prozent von 14 RM (Tagegeld des vergleichbaren Beamten) = 2,80 RM anzunehmen.

Bei den Haushaltsersparnissen handelt es sich meist um Beträge, die den Gewinn nur unwesentlich beeinflussen. Es ist deshalb bei Unternehmern von ihrer Berücksichtigung abzusehen, wenn insgesamt nicht mehr als fünfzig Reisetage im Jahr in Betracht kommen.

EStR 1943

27. Reisekosten der Gewerbetreibenden.

(1) Ausgaben eines Gewerbetreibenden für Beförderung, Unterkunft und Verpflegung sind bei Reisen, die ausschließlich durch seinen Gewerbebetrieb veranlaßt worden sind, Betriebsausgaben. Hinweis auf Abschnitt 61 Absätze 4 und 5 EStR 1941.

(2) Die Ausgaben für Unterkunft und Verpflegung werden bei Inlandsreisen, die sich über mehr als sechs

Stunden erstrecken, von den Finanzämtern ohne Einzelnachweis mit den im Absatz 3 bezeichneten Pauschsätzen als Betriebsausgaben anerkannt, wenn

1. die einzelnen Reisetage und die ausschließlich betriebliche Veranlassung der Reise nachgewiesen werden und
2. höhere Aufwendungen als die Pauschsätze innerhalb eines Wirtschaftsjahres nicht geltend gemacht werden.

(3) Die Pauschsätze für Unterkunft und Verpflegung betragen:

a) bei einem vollen Reisetag (Abwesenheit vom Sitz des Betriebes oder der Betriebsstätte, die ununterbrochen mehr als zwölf Stunden gedauert hat),
bei Einkünften aus Gewerbebetrieb im Veranlagungszeitraum von nicht mehr als 3000 RM oder bei einem Verlust aus Gewerbebetrieb = 10 RM,
von mehr als 3000 RM, aber nicht mehr als 4000 RM . . . . = 12 RM,
von mehr als 4000 RM, aber nicht mehr als 5500 RM . . . . = 15 RM,
von mehr als 5500 RM, aber nicht mehr als 10 000 RM . . . . = 18 RM,
von mehr als 10 000 RM, aber nicht mehr als 20 000 RM . . . . = 22 RM,
von mehr als 20 000 RM . . . . . . = 25 RM,

b) bei einer Reisedauer von mehr als sechs Stunden, aber nicht mehr als acht Stunden = $^3/_{10}$,
von mehr als acht Stunden, aber nicht mehr als zwölf Stunden . . . . . . = $^5/_{10}$
der unter Buchstabe a bezeichneten Beträge.

(4) In den folgenden Fällen müssen die tatsächlichen Ausgaben im einzelnen nachgewiesen werden:

1. wenn für Inlandsreisen von mehr als sechs Stunden Dauer höhere Beträge als die im Absatz 3 bezeichneten Pauschsätze als Betriebsausgaben angesetzt werden,
2. wenn die Inlandsreise nicht länger als sechs Stunden dauert,
3. wenn die Reise eine Auslandsreise ist.

EStR 41

62. Spenden.

(1) Aufwendungen, die ein Steuerpflichtiger zu nationalen, sozialen, gemeinnützigen, mildtätigen, kirchlichen und ähnlichen Zwecken macht (Spenden), sind Aufwendungen der privaten Lebensführung und als solche § 12 Ziffer 1 EStG gemäß nicht abzugsfähig. Sie sind als Spenden auch dann anzusehen, wenn sie auf Grund einer tatsächlichen oder vermeintlichen moralischen Verpflichtung oder aus sonstigen Gründen, denen sich der Geber nicht entziehen zu können glaubt, gegeben werden. Hinweis auf das RFH-Urteil vom 15. Juni 1937 (Reichssteuerbl. 1937 S. 990).

(2) Das gilt für Gewerbetreibende, Land- und Forstwirte und selbständig tätige Steuerpflichtige auch dann, wenn die Spenden durch betriebliche Erwägungen mitveranlaßt worden sind. Hinweis auf das RFH-Urteil vom 22. Juli 1936 (Reichssteuerbl. 1936 S. 898).

63. Unentgeltlich überlassene Wohnung.

Zu den Zuwendungen, die § 12 Ziffer 2 EStG gemäß nicht abgezogen werden können, gehört auch der Nutzungswert einer ganz oder teilweise unentgeltlich überlassenen Wohnung (§ 21 Absatz 2 EStG). Dem unentgeltlich Nutzenden ist in diesen Fällen die Wohnung nicht zuzurechnen, wenn der Ueberlasser unbeschränkt steuerpflichtig ist (§ 22 Ziffer 1 Buchstabe c EStG). Hinweis auf die RFH-Urteile vom 8. September 1938 (Reichssteuerbl. 1939 S. 4), vom 9. März 1939 (Reichssteuerbl. 1939 S. 758) und vom 31. Juli 1941 (Reichssteuerbl. 1941 S. 861).

Beispiel:

Ein Steuerpflichtiger bewohnt in seinem Zweifamilienhaus das Erdgeschoß. Er hat den ersten Stock seinem verheirateten Sohn unentgeltlich überlassen. Der Nutzungswert jeder Wohnung beträgt 1200 RM jährlich. Es sind bei dem Steuerpflichtigen 2400 RM Mieteinnahmen anzusetzen. Bei dem Sohn ist nichts anzusetzen.

8. Die einzelnen Einkunftsarten.

a) Land- und Forstwirtschaft (§ 2 Abs. 3 Ziff. 1)

§ 13. Einkünfte aus Land- und Forstwirtschaft.

(1) Einkünfte aus Land- und Forstwirtschaft sind:

1. Einkünfte aus dem Betrieb von Landwirtschaft, Forstwirtschaft, Weinbau, Gartenbau, Obstbau, Gemüsebau, Baumschulen und aus allen Betrieben, die Pflanzen und Pflanzenteile mit Hilfe der Naturkräfte gewinnen,
2. Einkünfte aus Tierzucht, Viehmästereien, Abmelkställen, Geflügelfarmen und ähnlichen Betrieben, wenn zur Tierzucht oder Tierhaltung überwiegend Erzeugnisse verwendet werden, die im eigenen land- und forstwirtschaftlichen Betrieb gewonnen sind,
3. Einkünfte aus Binnenfischerei, Fischzucht und Teichwirtschaft,
4. Einkünfte aus Jagd, wenn diese mit dem Betrieb einer Landwirtschaft oder einer Forstwirtschaft in Zusammenhang steht.

(2) Zu den Einkünften im Sinn des Absatzes 1 gehören auch:

1. Einkünfte aus einem land- und forstwirtschaftlichen Nebenbetrieb. Als Nebenbetrieb gilt ein Betrieb, der dem land- und forstwirtschaftlichen Hauptbetrieb zu dienen bestimmt ist,
2. der Nutzungswert der Wohnung des Steuerpflichtigen, wenn die Wohnung die bei Betrieben gleicher Art übliche Größe nicht überschreitet.

(3) Einkünfte aus Land- und Forstwirtschaft werden in vollem Umfang zur Einkommensteuer herangezogen, wenn das Einkommen den Betrag von 6000 Reichsmark übersteigt. Wenn das Einkommen diesen Betrag nicht übersteigt, so werden die Einkünfte aus Land- und Forstwirtschaft zur Einkommensteuer nur herangezogen, soweit sie den Betrag von 1000 Reichsmark übersteigen. Verluste aus Land- und Forstwirtschaft dürfen bei Ermittlung des Einkommens nur ausgeglichen (§ 2 Absatz 2) oder abgezogen (§ 10 Absatz 1 Ziffer 4) werden, wenn sie 1000 Reichsmark übersteigen.

Der vorstehende Absatz 3 des § 13 hat durch das Gesetz Nr. 12 der Alliierten Kontrollbehörde eine Aenderung erfahren. Er ist durch Artikel IX Absatz 2 dahingehend geändert, daß den Land- und Forstwirten, die keine Bücher führen, ein Freibetrag von RM 1000 gewährt wird, falls ihr Reineinkommen 6000 RM im Jahre nicht übersteigt. Die Bestimmungen des Artikel IX lauten:

Steuer auf Einkommen aus Land- und Forstwirtschaft.

1. Das Einkommen von Land- und Forstwirten, die keine Bücher führen, wird zum Zwecke der Berechnung ihrer Einkommensteuer von einem Achtzehntel des Wertes ihres landwirtschaftlichen oder forstwirtschaftlichen Vermögens (wie dies im § 2 der Verordnung vom 31. Dezember 1936 über die Aufstellung von Durchschnittssätzen für die Ermittlung des Gewinns aus Land- und Forstwirtschaft vorgesehen ist) auf ein Zwölftel des Wertes dieses Vermögens erhöht.
2. Den in Ziffer 1 genannten Personen wird, falls ihr Einkommen 6000 RM im Jahre nicht über-

steigt, ein Freibetrag von 1000 RM gewährt. Absatz 3 des § 13 des Einkommensteuergesetzes wird demgemäß geändert.

3. Einwanderern, welche die seit dem 8. Mai 1945 bestehenden Grenzen Deutschlands überschritten haben und Land- und Forstwirtschaft betreiben, ohne daß ihr Einkommen 6000 RM übersteigt, wird ein Freibetrag von 2000 RM gewährt. Dieser Freibetrag wird auf die Dauer von fünf Jahren gewährt, und zwar vom 1. Januar 1946 oder vom Tage der Einreise ab, falls diese zu einem späteren Zeitpunkt erfolgt ist. Er wird nicht mehr gewährt von dem Tage ab, an dem die obenerwähnten Personen die Land- oder Forstwirtschaft aufgeben.

4. Personen, die sich nach dem 8. Mai 1945 als Landwirte niedergelassen haben und deren Einkommen 6000 RM nicht übersteigt, wird ein Freibetrag von 2000 RM gewährt, und zwar vom 1. Januar 1946 oder von dem Tage der Niederlassung ab, falls diese zu einem späteren Zeitpunkt erfolgt ist. Er wird jedoch solchen Personen nicht gewährt, die einmal ein Recht darauf hatten und sich nach Verlust dieses Rechts aufs neue als Landwirt niedergelassen haben.

Land- und Forstwirte, die ein Reineinkommen von mehr als 6000 RM gehabt haben, sind nach § 161 Absatz 1 Ziffer 1 e AO verpflichtet, Bücher zu führen und auf Grund jährlicher Bestandsaufnahmen regelmäßig Abschlüsse zu machen.

EStR 1941

64. Richtlinien für Viehbewertung.

(1) Buchführende Land- und Forstwirte setzen das Vieh meist mit Durchschnittswerten an. Die Viehdurchschnittswerte werden von den Oberfinanzpräsidenten festgesetzt. Sie sind Schätzungswerte, die in der Regel den Teilwerten im Sinn des § 6 EStG entsprechen. Es liegt im übrigen im Wesen der Durchschnittswerte, daß einzelne Wertschwankungen, die sich im Laufe der Jahre von selbst ausgleichen, bei der Bewertung an den einzelnen Bilanzstichtagen unberücksichtigt bleiben müssen. Hinweis auf das RFH-Urteil vom 29. Januar 1936 (Reichssteuerbl. 1936 S. 752).

(2) Die Viehdurchschnittswerte sind für den Schluß des Wirtschaftsjahres 1932/33 gesenkt worden, weil damals die Viehpreise zurückgegangen waren. Die buchführenden Land- und Forstwirte mußten, wenn sie ihre Viehdurchschnittswerte senken wollten, die gesenkten Viehdurchschnittswerte ab dem Schluß des Wirtschaftsjahres 1932/33 oder 1933/34 ansetzen. Die Viehpreise sind inzwischen gestiegen. Die buchführenden Land- und Forstwirte müssen deshalb ab dem Wirtschaftsjahr 1939/40 ihren Zugang an Vieh (Geburt oder Zukauf) mit den ungesenkten Durchschnittswerten ansetzen.

Beispiel:

Der Landwirt A. hatte seine Milchkühe vor dem Wirtschaftsjahr 1932/33 mit dem vom Oberfinanzpräsidenten festgesetzten Durchschnittswert von 450 RM das Stück angesetzt. Er hat in der Hauptabschlußbilanz des Wirtschaftsjahres 1933/34 diese Werte um 20 Prozent auf 360 RM gesenkt. A muß die Milchkühe, die er ab dem Wirtschaftsjahr 1939/40 zugekauft hat, mit 450 RM das Stück bewerten.

(3) Es gibt buchführende Land- und Forstwirte, die ihre Viehdurchschnittswerte gesenkt haben, jedoch vor der Senkung andere (höhere oder niedrigere) Viehdurchschnittswerte hatten, als sie der Oberfinanzpräsident festgesetzt hat. Diese Land- und Forstwirte müssen ihren Zugang an Vieh ab dem oben bezeichneten Zeitpunkt mit ihrem früheren Durchschnittswert ansetzen.

Beispiel:

Der vom Oberfinanzpräsidenten festgesetzte ungesenkte Durchschnittswert für Milchkühe ist 450 RM das Stück. Der Landwirt B. hatte seine

Milchkühe vor dem Wirtschaftsjahr 1932/33 mit dem Durchschnittswert von 500 RM das Stück angesetzt. Er hat in der Hauptabschlußbilanz des Wirtschaftsjahres 1933/34 diese Werte um 20 Prozent auf 400 RM gesenkt. B. muß die Milchkühe, die er ab dem Wirtschaftsjahr 1939/40 zugekauft hat, mit 500 RM das Stück ansetzen.

(4) Es kann zu Schwierigkeiten führen, wenn der vorhandene Viehbestand mit den gesenkten Viehdurchschnittswerten und der jeweilige Zugang an Vieh mit den ungesenkten Viehdurchschnittswerten angesetzt werden muß. Ich habe deshalb durch meinen Erlaß vom 30. September 1940 — S 2141 — 112 III (Reichssteuerbl. 1940 S. 859) zugelassen, daß buchführende Land- und Forstwirte in der Hauptabschlußbilanz des Wirtschaftsjahrs 1939/40 ihren gesamten Viehbestand mit den ungesenkten Viehdurchschnittswerten ansetzen. Der Unterschiedsbetrag (Unterschied zwischen den gesenkten und den ungesenkten Viehdurchschnittswerten) erhöhte den Gewinn des Wirtschaftsjahrs 1939/40. Diese Gewinnerhöhung kann auf fünf Jahre gleichmäßig verteilt werden. In diesem Fall mußte in der Hauptabschlußbilanz des Wirtschaftsjahrs 1939/40 ein Schuldposten von vier Fünfteln der Gewinnerhöhung gebildet werden. Dieser Schuldposten ist am Schluß der vier folgenden Wirtschaftsjahre mit je einem Viertel aufzulösen.

(5) Land- und Forstwirte, die ihre Viehdurchschnittswerte nicht gesenkt haben, setzen auch ihren Zugang an Vieh mit ihren bisherigen Viehdurchschnittswerten an. Das gilt auch dann, wenn diese Viehdurchschnittswerte den gesenkten Viehdurchschnittswerten des Oberfinanzpräsidenten entsprechen. Ist ein land- und forstwirtschaftlicher Betrieb unentgeltlich erworben worden, so muß der Erwerber den Zugang an Vieh mit den ungesenkten Viehdurchschnittswerten ansetzen, wenn er Gesamtrechtsnachfolger ist und der Rechtsvorgänger die Viehdurchschnittswerte gesenkt hat.

Beispiel:

Der Landwirt C. hat seine Viehdurchschnittswerte in der Hauptabschlußbilanz des Wirtschaftsjahres 1932/33 gesenkt. Im Jahr 1938 ist der landwirtschaftliche Betrieb durch Erbfolge auf seinen Sohn übergegangen. Der Sohn hat die bisherigen Viehdurchschnittswerte übernommen. Er hat ab dem Wirtschaftsjahr 1939/40 den Zugang an Vieh mit den ungesenkten Durchschnittswerten anzusetzen.

(6) Das Vieh kann nach den von den Oberfinanzpräsidenten festgesetzten Durchschnittswerten auch bei der Eröffnung eines Betriebs oder beim Beginn der Buchführungspflicht ohne Rücksicht auf die tatsächlichen Anschaffungskosten in der Eröffnungsbilanz angesetzt werden. Es sind dabei die ungesenkten Viehdurchschnittswerte zugrunde zu legen. Es werden durch den Ansatz der Durchschnittswerte in der Eröffnungsbilanz Härten vermieden, die entstehen können, wenn für den Schluß des Wirtschaftsjahrs die Durchschnittswerte angesetzt werden und die Anschaffungskosten unter den Durchschnittswerten liegen.

(7) Besonders wertvolle Tiere können mit Viehdurchschnittswerten nicht angesetzt werden. Sie sind einzeln zu bewerten. Das gilt insbesondere für Zuchttiere (Zuchthengste, Zuchtstiere usw.) und für Rennpferde. Hinweis auf das RFH-Urteil vom 6. Dezember 1939 (Reichssteuerbl. 1940 S. 282).

70. Mitarbeit von Kindern.

Ein Dienstverhältnis zwischen den Eltern und ihren im Betrieb mitarbeitenden Kindern ist nach der Rechtsprechung des Reichsfinanzhofs in der Land- und Forstwirtschaft in der Regel nicht anzunehmen. Das gilt auch, wenn die Kinder volljährig sind. Es kann nur in Ausnahmefällen, insbesondere in größeren land- und forstwirtschaftlichen Betrieben, ein Dienstverhältnis anerkannt werden, wenn die Umstände des Falles für ein solches Verhältnis sprechen. Hinweis auf das RFH-Urteil vom 24. August 1938 (Reichssteuerbl. 1938 S. 979). Zuwendungen (freier Unterhalt, Taschengeld usw.) an Kinder, auch wenn sie volljährig sind, sind deshalb bei der Ermittlung des Gewinns in der Regel nicht abzugsfähig. Ich bin jedoch damit einverstanden, daß Land- und Forstwirte für ihre im Betrieb tätigen Kinder und Schwiegerkinder, für die ihnen Kinderermäßigung nicht zusteht, einen Betrag in Höhe der Hälfte des ortsüblichen Arbeitslohns eines volljährigen Knechts oder einer volljährigen Magd bei der Ermittlung des Gewinns absetzen. Hinweis auf § 4 Absatz 2 der Verordnung über die Aufstellung von Durchschnittssätzen für die Ermittlung des Gewinns aus Land- und Forstwirtschaft vom 31. Dezember 1936.

72. Durchschnittssätze und Richtsätze.

(1) Bei Land- und Forstwirten, die weder Bücher führen noch zur Führung von Büchern verpflichtet sind, ist der Gewinn aus Betrieben, die bei der Einheitsbewertung als landwirtschaftliche Betriebe bewertet worden sind, so zu ermitteln, wie die Verordnung über die Aufstellung von Durchschnittssätzen für die Ermittlung des Gewinns aus Land- und Forstwirtschaft vom 31. Dezember 1936 (Reichsgesetzbl. 1937 I S. 1, Reichssteuerbl. 1937 S. 33) es vorschreibt. Voraussetzung ist, daß der Umsatz die durch den Oberfinanzpräsidenten zu bestimmende Grenze nicht übersteigt. Diese Grenze darf auf höchstens 40 000 RM festgesetzt werden. Ist eine der im § 1 der Verordnung bezeichneten Voraussetzungen nicht erfüllt, so ist die Verordnung nicht anzuwenden. Das gilt auch, wenn ein Land- und Forstwirt freiwillig zur ordnungsmäßigen Buchführung übergeht. Hinweis auf das RFH-Urteil vom 11. September 1940 (Reichssteuerbl. 1940 S. 1051). Ein willkürlicher Wechsel zwischen den Gewinnermittlungsarten ist unzulässig. Wegen weiterer Zweifelsfragen Hinweis auf meinen Erlaß vom 31. Dezember 1936 — S 2142 — 85 III (Reichssteuerbl. 1937 S. 35).

(2) Bei den anderen Land- und Forstwirten, die weder Bücher führen noch zur Führung von Büchern verpflichtet sind, ist der Gewinn nach Richtsätzen zu ermitteln. Es kommen insbesondere Betriebe in Betracht, die bei der Einheitsbewertung nicht als landwirtschaftliche Betriebe behandelt worden sind, sondern z. B. als Forstbetriebe oder Weinbaubetriebe. Sind Richtsätze nicht festgesetzt worden, so ist der Gewinn im Einzelfall zu schätzen.

(3) Bei Land- und Forstwirten, die zur Buchführung verpflichtet sind, ordnungsmäßige Bücher aber nicht führen, ist der Gewinn im Einzelfall zu schätzen.

Der Begriff land- und forstwirtschaftlicher Nebenbetrieb war noch dem EStG 1925 unbekannt, er ist durch das EStG

1934 eingeführt. Was im einzelnen Fall als Nebenbetrieb zu gelten hat, richtet sich nach der Verkehrsauffassung. In den Veranlagungsrichtlinien zur Einkommen- und Körperschaftsteuer für 1934 ist darüber unter B I 5 folgendes ausgeführt:

Die Tatsache, daß für einen Betrieb, der Erzeugnisse des land- und forstwirtschaftlichen Hauptbetriebs verbraucht oder verarbeitet, weitere landwirtschaftliche Erzeugnisse zugekauft werden, braucht dem Betrieb die Eigenschaft eines landwirtschaftlichen Nebenbetriebs nicht zu nehmen, wenn der Zukauf im Verhältnis zu den verbrauchten oder verarbeiteten eigenen Erzeugnissen nicht bedeutend ist. Erfolgt ein Zukauf dauernd in nicht unbedeutendem Umfang, so wird anzunehmen sein, daß es dem Betriebsinhaber weniger darauf ankommt, dem land- und forstwirtschaftlichen Hauptbetrieb zu dienen, als darauf, möglichst hohe Ergebnisse zu erzielen. Auch die Höhe des im Nebenbetrieb angelegten Kapitals im Verhältnis zum Wert des land- und forstwirtschaftlichen Hauptbetriebs und eine etwaige Eintragung im Handelsregister bieten äußere Merkmale für die Abgrenzung.

Einkünfte aus Substanzbetrieben gehören zu den Einkünften aus Land- und Forstwirtschaft nur dann, wenn der Substanzbetrieb land- und forstwirtschaftlicher Nebenbetrieb ist, d. h. dem land- und forstwirtschaftlichen Hauptbetrieb zu dienen bestimmt ist. Bei Kiesgruben, Torfbetrieben und anderen Substanzbetrieben kommt es darauf an, daß der abgebaute Kies (z. B. zur Beschotterung der Wege) oder der Torf (z. B. zu Heizungszwecken oder als Torfstreu) überwiegend im eigenen Betrieb verwendet wird.

§ 14. Veräußerung des Betriebs.

(1) Zu den Einkünften aus Land- und Forstwirtschaft gehören auch Gewinne, die bei der Veräußerung oder Aufgabe eines land- und forstwirtschaftlichen Betriebs oder Teilbetriebs erzielt werden. Veräußerungsgewinn ist der Betrag, um den der Ver-

äußerungspreis nach Abzug der Veräußerungskosten den Wert des Betriebsvermögens übersteigt, der nach § 4 Absatz 1 für den Zeitpunkt der Veräußerung ermittelt wird.

(2) Die Einkommensteuer vom Veräußerungsgewinn wird auf Antrag ermäßigt oder erlassen, wenn der Steuerpflichtige den veräußerten Betrieb oder Teilbetrieb innerhalb der letzten drei Jahre vor der Veräußerung erworben und infolge des Erwerbs Erbschaftssteuer entrichtet hat.

Durch Artikel XII des Gesetzes Nr. 12 ist die bisher in § 14 Absatz 2 vorgesehene Steuerbefreiung aufgehoben. Absatz 2 lautete:

Die Steuerpflicht tritt nur ein, wenn der Veräußerungsgewinn bei der Veräußerung des ganzen Betriebs den Betrag von 10 000 Reichsmark und bei Veräußerung eines Teilbetriebs den entsprechenden Teil von 10 000 Reichsmark übersteigt.

b) Gewerbebetrieb (§ 2 Absatz 3 Ziffer 2)

§ 15. Einkünfte aus Gewerbebetrieb.

Einkünfte aus Gewerbebetrieb sind:

1. Einkünfte aus gewerblichen Unternehmen. Dazu gehören auch Einkünfte aus gewerblicher Bodenbewirtschaftung, z. B. aus Bergbauunternehmen und aus Betrieben zur Gewinnung von Torf, Steinen und Erden, soweit sie nicht land- oder forstwirtschaftliche Nebenbetriebe sind,
2. die Gewinnanteile der Gesellschafter einer Offenen Handelsgesellschaft, einer Kommanditgesellschaft und einer anderen Gesellschaft, bei der der Gesellschafter als Unternehmer (Mitunternehmer) anzusehen ist, und die Vergütungen, die der Ge-

sellschafter von der Gesellschaft für seine Tätigkeit im Dienst der Gesellschaft oder für die Hingabe von Darlehen oder für die Ueberlassung von Wirtschaftsgütern bezogen hat,

3. die Gewinnanteile der persönlich haftenden Gesellschafter einer Kommanditgesellschaft auf Aktien, soweit sie nicht auf Anteile am Grundkapital entfallen, und die Vergütungen, die der persönlich haftende Gesellschafter von der Gesellschaft für seine Tätigkeit im Dienst der Gesellschaft oder für die Hingabe von Darlehen oder für die Ueberlassung von Wirtschaftsgütern bezogen hat.

Unter Gewerbe ist jede mit der Absicht auf Gewinnerzielung unternommene, selbständige, berufsmäßige, also fortgesetzte Arbeitstätigkeit zu verstehen, welche sich als Beteiligung am allgemeinen wirtschaftlichen Verkehr darstellt und nicht zum Betrieb der Land- und Forstwirtschaft gehört. Der Begriff Gewerbebetrieb ist also einmal abzugrenzen gegenüber dem Betrieb der Land- und Forstwirtschaft. Auch ein land- oder forstwirtschaftlicher Nebenbetrieb gehört steuerrechtlich gemäß § 13 Absatz 2 Ziffer 1 zu einem land- oder forstwirtschaftlichen Betrieb.

Ferner ist der Begriff Gewerbebetrieb abzugrenzen gegenüber der selbständigen Arbeitstätigkeit, insbesondere gegenüber den freien Berufen gemäß § 18 EStG.

Die Gewinnanteile der Gesellschafter einer Offenen Handelsgesellschaft bzw. Kommanditgesellschaft, die als Mitunternehmer anzusprechen sind, gelten ebenfalls als Einkünfte aus Gewerbebetrieb.

Bei der stillen Gesellschaft unterscheidet man die sogenannte typische stille Gesellschaft; die Einkünfte hieraus gehören zu den Einkünften aus Kapitalvermögen gemäß § 20 Absatz 1 Ziffer 2 EStG. Ist der stille Gesellschafter jedoch auf Grund des Gesellschaftsvertrages an den Anlagewerten beteiligt und daher als Mitunternehmer anzusehen, so gelten seine Gewinnanteile als Einkünfte aus Gewerbebetrieb.

§ 16. Veräußerung des Betriebs.

(1) Zu den Einkünften aus Gewerbebetrieb gehören auch Gewinne, die erzielt werden bei der Veräußerung

1. des ganzen Gewerbebetriebs oder eines Teilbetriebs,
2. des Anteils eines Gesellschafters, der als Unternehmer (Mitunternehmer) des Betriebs anzusehen ist (§ 15 Ziffer 2),
3. des Anteils eines persönlich haftenden Gesellschafters einer Kommanditgesellschaft auf Aktien (§ 15 Ziffer 3).

(2) Veräußerungsgewinn im Sinn des Absatzes 1 ist der Betrag, um den der Veräußerungspreis nach Abzug der Veräußerungskosten den Wert des Betriebsvermögens (Absatz 1 Ziffer 1) oder den Wert des Anteils am Betriebsvermögen (Absatz 1 Ziffern 2 und 3) übersteigt. Der Wert des Betriebsvermögens oder des Anteils ist für den Zeitpunkt der Veräußerung nach § 4 Absatz 1 oder nach § 5 zu ermitteln.

(3) Als Veräußerung gilt auch die Aufgabe des Gewerbebetriebs. Werden die einzelnen dem Betrieb gewidmeten Wirtschaftsgüter im Rahmen der Aufgabe des Betriebs veräußert, so sind die Veräußerungspreise anzusetzen. Werden die Wirtschaftsgüter nicht veräußert, so ist der gemeine Wert im Zeitpunkt der Aufgabe anzusetzen. Bei Aufgabe eines Gewerbebetriebs, an dem mehrere Personen beteiligt waren, ist für jeden einzelnen Beteiligten der gemeine Wert der Wirtschaftsgüter anzusetzen, die er bei der Auseinandersetzung erhalten hat.

Durch Artikel XII des Gesetzes Nr 12 sind die in den Absätzen 4 und 5 des § 6 vorgesehenen Steuerbefreiungen aufgehoben worden.

Diese beiden Absätze hatten folgenden Wortlaut:

(4) Die Steuerpflicht tritt nur ein, wenn der Veräußerungsgewinn bei der Veräußerung des ganzen Gewerbebetriebs (Absatz 1 Ziffer 1) den Betrag von 10 000 Reichsmark und bei der Veräußerung eines Teilbetriebs oder eines Anteils am Betriebsvermögen (Absatz 1 Ziffern 1 und 3) den entsprechenden Teil von 10 000 Reichsmark übersteigt.

(5) Die Einkommensteuer vom Veräußerungsgewinn wird auf Antrag ermäßigt oder erlassen, wenn der Steuerpflichtige den veräußerten Betrieb oder Teilbetrieb oder den veräußerten Anteil am Betriebsvermögen innerhalb der letzten drei Jahre vor der Veräußerung erworben und infolge des Erwerbs Erbschaftsteuer entrichtet hat.

EStDV 1941 Zu § 16 des Gesetzes

§ 13

Veräußerung von Bodenschätzen

(1) Zu den Einkünften aus Gewerbebetrieb gehört auch der Gewinn aus der Veräußerung von Bodenschätzen, die nicht zu einem land- und forstwirtschaftlichen oder einem gewerblichen Betriebsvermögen gehören.

(2) Veräußerungsgewinn im Sinn des Absatzes 1 ist der Betrag, um den der Veräußerungspreis nach Abzug der Veräußerungskosten die Anschaffungskosten übersteigt.

(3) Sind die Bodenschätze vor dem 1. Januar 1925 angeschafft oder unentgeltlich erworben worden, so ist als Anschaffungskosten der Betrag zugrunde zu legen, mit dem die Bodenschätze bei der Einheitsbewertung auf den 1. Januar 1925 berücksichtigt worden sind. Sind die Bodenschätze nach dem 31. Dezember 1924 unentgeltlich erworben worden, so ist als Anschaffungskosten der Betrag zugrunde zu legen, mit dem die Bodenschätze bei der letzten Einheitsbewertung vor dem unentgeltlichen Erwerb berücksichtigt worden sind.

(5) Ein Verlust aus der Veräußerung von Bodenschätzen darf bei der Ermittlung des Einkommens nicht ausgeglichen werden (92 Absatz 2 des Gesetzes).

EStR 1941

78. Veräußerung des Betriebs.

(1) Die Veräußerung eines Betriebs oder eines Teilbetriebs oder die Veräußerung eines Mitunternehmeranteils im ganzen oder zu einem Bruchteil ist ein Vorfall, der bei der Ermittlung des gewerblichen Gewinns des Unternehmers oder Mitunternehmers zu berücksichtigen ist. Ein dabei erzielter Veräußerungsgewinn gehört ebenso wie der laufende Gewinn aus dem Gewerbebetrieb zu den gewerblichen Einkünften. Ein Verlust aus einem Veräußerungsgeschäft der bezeichneten Art ist bei der Ermittlung des Gewinns aus Gewerbebetrieb und, falls sich danach ein Verlust bei den Einkünften aus Gewerbebetrieb ergibt, bei der Ermittlung des Gesamtbetrags der Einkünfte auszugleichen. Verbleibt auch dann noch ein Verlust aus Gewerbebetrieb oder aus Land- und Forstwirtschaft, so ist er § 10 Absatz 1 Ziffer 4 EtSG gemäß abzugsfähig.

79. Veräußerung von Bodenschätzen.

(1) § 13 EStDV 1941 regelt die Veräußerung von Bodenschätzen, wie Kohle, Kali, Mineralien, Erdöl, Steine, Ziegellehm, Kieslager usw. Es ist dabei ohne Bedeutung, ob die Bodenschätze für sich allein oder mit dem Grund und Boden veräußert werden. Es muß sich aber im wesentlichen um einen einmaligen Vorgang handeln. Laufendes Entgelt für die zeitlich begrenzte Ueberlassung der Entnahme von Bodenschätzen gehört grundsätzlich zu den Einkünften aus Vermietung und Verpachtung (§ 21 EStG).

(2) § 13 EStDV 1941 regelt nur die Veräußerung von Bodenschätzen, die nicht zu einem land- und forstwirtschaftlichen oder einem gewerblichen Betriebsvermögen gehören. Ob Bodenschätze zu einem land- und forstwirtschaftlichen oder einem gewerblichen Betriebsvermögen gehören oder nicht, richtet sich nach den allgemeinen Grundsätzen. Bei Gewerbetreibenden, deren Firma im Handelsregister eingetragen ist, kommt es in der Hauptsache auf die buchmäßige Behandlung des Grundstücks an. Bei anderen Gewerbetreibenden und

bei Land- und Forstwirten kommt es insbesondere darauf an, ob die Bodenschätze dem Betrieb zu dienen bestimmt sind. Ungenutzte Bodenschätze gehören bei diesen Steuerpflichtigen nicht zum Betriebsvermögen. Werden Bodenschätze veräußert, die zu einem land- und forstwirtschaftlichen oder zu einem gewerblichen Betriebsvermögen gehören, so richtet sich die Besteuerung nach den allgemeinen Vorschriften (§§ 4 bis 7 EStG, in den Fällen der Veräußerung eines Betriebs oder Teilbetriebs auch §§ 14 und 16 EStG).

(3) Veräußerungsgewinn ist § 13 Absatz 2 EStDV 1941 gemäß der Betrag, um den der Veräußerungspreis nach Abzug der Veräußerungskosten die Anschaffungskosten übersteigt. Anschaffungskosten kommen nicht in Betracht, wenn die Bodenschätze bei dem Erwerb des Grund und Bodens auf den Kaufpreis ohne Einfluß gewesen sind, z. B. weil das Vorhandensein von Bodenschätzen damals nicht bekannt war. Wegen der Anschaffungskosten in den Fällen des unentgeltlichen Erwerbs oder der Anschaffung vor dem 1. Januar 1925 Hinweis auf § 13 Absatz 3 EStDV 1941.

§ 17. Veräußerung wesentlicher Beteiligungen.

(1) Zu den Einkünften aus Gewerbebetrieb gehört auch der Gewinn aus der Veräußerung eines Anteils an einer Kapitalgesellschaft, wenn der Veräußerer am Kapital der Gesellschaft wesentlich beteiligt war und der veräußerte Anteil eins vom Hundert des Grund- oder Stammkapitals der Gesellschaft übersteigt. Eine wesentliche Beteiligung ist gegeben, wenn der Veräußerer allein oder mit seinen Angehörigen an der Kapitalgesellschaft zu mehr als einem Viertel unmittelbar oder mittelbar, z. B. durch Treuhänder oder durch eine Kapitalgesellschaft, innerhalb der letzten fünf Jahre beteiligt war.

(2) Veräußerungsgewinn im Sinn des Absatzes 1 ist der Betrag, um den der Veräußerungspreis nach Abzug der Veräußerungskosten die Anschaffungskosten übersteigt.

(3) Verluste, die bei der Veräußerung von Anteilen an einer Kapitalgesellschaft entstanden sind, dürfen bei Ermittlung des Einkommens nicht ausgeglichen werden (§ 2 Absatz 2).

Die in den Absätzen 3 und 4 des § 17 vorgesehenen Steuervergünstigungen sind durch Artikel XII des Gesetzes Nr. 12 aufgehoben. Der in § 17 geregelte Tatbestand ist begrenzt auf die Fälle, in denen die veräußerte wesentliche Beteiligung nicht zu einem Betriebsvermögen gehört hat. Veräußerungsgewinn von Beteiligungen, die zu einem Betriebsvermögen gehören, sind gemäß §§ 4 und 5 EStG steuerpflichtig.

EStDV 1941

Zu § 17 des Gesetzes

§ 14

Veräußerung wesentlicher Beteiligungen

(1) Anteile an einer Kapitalgesellschaft im Sinn des § 17 des Gesetzes sind Aktien, Anteile an einer Gesellschaft mit beschränkter Haftung, Kuxe, Genußscheine oder ähnliche Beteiligungen und Anwartschaften auf solche Beteiligungen.

(2) Gewinn aus der Veräußerung eines Anteils an einer Kapitalgesellschaft ist auch der Gewinn, den der Gesellschafter bei der Auflösung der Kapitalgesellschaft erzielt.

EStR 1941

80. Veräußerung von Anteilen an einer Kapitalgesellschaft

(1) § 17 EStG gilt nicht für die Veräußerung von Anteilen an einer Kapitalgesellschaft, die zu einem Betriebsvermögen gehören. In diesem Fall ist die Veräußerung ein Betriebsvorgang wie jeder andere. Der betriebliche Gewinn ist § 4 oder § 5 EStG gemäß zu ermitteln.

(2) Bei der Veräußerung von Anteilen an einer Kapitalgesellschaft, die nicht zu einem Betriebsvermögen ge-

hören, ist § 17 EStG nicht anzuwenden, wenn es sich um ein Spekulationsgeschäft im Sinn des § 23 EStG handelt. Hinweis auf das RFH-Urteil vom 4. August 1937 (Reichssteuerbl. 1938 S. 82).

(3) Verluste aus der Veräußerung von Anteilen an einer Kapitalgesellschaft, die nicht zu einem Betriebsvermögen gehören und nicht das Ergebnis eines Spekulationsgeschäfts im Sinn des § 23 EStG sind, dürfen § 17 Absatz 5 EStG gemäß bei Ermittlung des Einkommens nicht ausgeglichen werden. Liegen mehrere Veräußerungsgeschäfte vor, so ist jedes einzelne Veräußerungsgeschäft für sich zu betrachten. Ein Verlust bei dem einen Veräußerungsgeschäft darf mit dem Gewinn aus dem anderen Veräußerungsgeschäft nicht ausgeglichen werden.

(4) Als Veräußerungskosten im Sinn des § 17 Absatz 2 EStG können nur solche Aufwendungen geltend gemacht werden, die in unmittelbarer Beziehung zu dem einzelnen Veräußerungsgeschäft stehen.

c) Selbständige Arbeit (§ 2 Absatz 3 Ziffer 3)

§ 18.

(1) Einkünfte aus selbständiger Arbeit sind:

1. Einkünfte aus freien Berufen. Zu den freien Berufen gehören insbesondere die wissenschaftliche, künstlerische, schriftstellerische, unterrichtende oder erzieherische Tätigkeit, die Berufstätigkeit der Aerzte, Rechtsanwälte und Notare, der Ingenieure, der Architekten, der Handelschemiker, der Heilpraktiker, der Dentisten, der Landmesser, der Wirtschaftsprüfer, der Steuerberater, der Buchsachverständigen und ähnlicher Berufe,
2. Einkünfte der Einnehmer der Deutschen Reichslotterie, wenn sie nicht Einkünfte aus Gewerbebetrieb sind,

3. Einkünfte aus sonstiger selbständiger Arbeit, z. B. Vergütungen für die Vollstreckung von Testamenten, für Vermögensverwaltung und für die Tätigkeit als Aufsichtsratsmitglied.

(2) Einkünfte nach Absatz 1 sind auch dann steuerpflichtig, wenn es sich nur um eine vorübergehende Tätigkeit handelt.

(3) Zu den Einkünften aus selbständiger Arbeit gehören auch Gewinne, die bei der Veräußerung des der selbständigen Arbeit dienenden Vermögens oder bei Aufgabe der Tätigkeit erzielt werden. Die Einkommensteuer von Gewinnen im Sinn des Satzes 1 wird auf Antrag ermäßigt oder erlassen, wenn der Steuerpflichtige das veräußerte Vermögen innerhalb der letzten drei Jahre vor der Veräußerung erworben und infolge des Erwerbs Erbschaftssteuer entrichtet hat.

EStR 1941

81. Buchführungspflicht von Angehörigen der freien Berufe

(1) Eine Buchführungspflicht von Angehörigen der freien Berufe kann sich ergeben aus

a) § 160 Absatz 1 der Reichsabgabenordnung. Dieser Vorschrift gemäß hat der Steuerpflichtige, der nach anderen Gesetzen als den Steuergesetzen Bücher und Aufzeichnungen zu führen hat, die für die Besteuerung von Bedeutung sind, die Verpflichtungen, die ihm nach den anderen Gesetzen obliegen, auch im Interesse der Besteuerung zu erfüllen,

b) § 160 Absatz 2 der Reichsabgabenordnung. Hinweis auf die Verordnung zur Durchführung des § 160 Absatz 2 der Reichsabgabenordnung vom 24. März 1932 (Reichsgesetzbl. I S. 165, Reichssteuerbl. 1932

S. 320) und meinen Erlaß vom 24. März 1932 — S 1160 — 16 III R (Reichssteuerbl. 1932 S. 319).

§ 2 dieser Verordnung (Aufzeichnungsverordnung) gemäß ist aufzeichnungspflichtig, wer nach dem im Besteuerungsverfahren getroffenen Feststellungen bei einer einzelnen Einkunftsart oder bei mehreren Einkunftsarten zusammen Einkünfte von mehr als 100 000 RM gehabt hat. § 8 der Aufzeichnungsverordnung gemäß brauchen Aufzeichnungen über Ausgaben und über Vermögen nicht gemacht zu werden. Eine Aufzeichnungspflicht nach der Aufzeichnungsverordnung besteht nicht, solange und soweit Bücher oder Aufzeichnungen nach § 160 Absatz 1 (Hinweis auf den obigen Buchstaben a) oder nach § 161 der Reichsabgabenordnung (Hinweis auf den folgenden Buchstaben c) geführt werden,

c) § 161 Absatz 1 Ziffer 1 Buchstabe a oder b (nicht Buchstabe d) der Reichsabgabenordnung. Die „Vorläufigen Richtlinien für die Buchführungspflicht der freien Berufe und ähnlicher Erwerbszweige nach § 161 Absatz 1 Ziffer 1 AO" (mein Erlaß vom 22. Juni 1932 — S 2164 — 1 III, Reichssteuerbl. 1932 S. 613) sind mit Wirkung ab 1. Januar 1940 aufgehoben worden. Es müßten deshalb die Angehörigen der freien Berufe, bei denen die Voraussetzung des § 161 Absatz 1 Ziffer 1 Buchstabe a oder b vorliegt, ab 1. Januar 1940 Bücher führen und auf Grund jährlicher Bestandsaufnahmen regelmäßig Abschlüsse machen. Ich bin jedoch damit einverstanden, daß diese Steuerpflichtigen, soweit sie vor dem 1. Januar 1940 als Gewinn den Ueberschuß der Betriebseinnahmen über die Betriebsausgaben angesetzt haben, diese Gewinnermittlungsart bis zur Neuregelung der Buchführungspflicht bei Einkünften aus selbständiger Arbeit beibehalten. Auch Angehörige der freien Berufe, die neu unter § 161 Absatz 1 Ziffer 1 AO fallen, können bei der Gewinnermittlungsart des § 4 Absatz 3 EStG bleiben.

(2) Bei der Gewinnermittlung auf Grund des § 4 Absatz 3 EStG sind Vorschüsse, z. B. bei Rechtsanwälten, ohne Rücksicht auf die Art der Verbuchung schon im Zeitpunkt des Zufließens als Betriebseinnahmen zu behandeln. Müssen Vorschüsse später ganz oder teilweise zurückgezahlt werden, so stellen die Rückzahlungen Betriebsausgaben dar.

EStR 1943

35. Nebentätigkeit

(1) Eine Nebentätigkeit im Sinn der folgenden Anordnungen ist eine Tätigkeit, die jemand neben seinem Hauptberuf in einem Arbeitsverhältnis oder im Rahmen eines Tätigkeitsverhältnisses, das einem Arbeitsverhältnis ähnlich ist, ausübt.

(2) Die nebenberuflich tätige Person übt die Nebentätigkeit in einem Arbeitsverhältnis aus, wenn sie in das Unternehmen (Betrieb oder Haushalt) des Leistungsempfängers derart eingegliedert ist, daß sie dessen Weisungen hinsichtlich der geschuldeten Arbeitsleistung zu folgen verpflichtet ist (Hinweis auf § 1 Absatz 3 LStDB). Die Einnahmen aus der Nebentätigkeit sind in einem solchen Fall Arbeitslohn.

(3) Die nebenberuflich tätige Person übt die Nebentätigkeit selbständig im Rahmen eines Tätigkeitsverhältnisses, das einem Arbeitsverhältnis ähnlich ist, aus, wenn sie die Nebentätigkeit zwar nicht in einem Arbeitsverhältnis (Absatz 2) ausübt, ihre Stellung jedoch wegen der Weisungsbefugnis des Leistungsempfängers oder wegen anderer Umstände derjenigen eines Arbeitnehmers ähnlich ist.

Beispiele:

Der praktische Tierarzt als amtlich bestellter Fleischbeschauer, der Rentner als Wetterbeobachter, der Beamte als Vortragender an einer Verwaltungsakademie, der Landwirt als amtlich bestellter Viehwieger.

Die Einkünfte aus einer solchen Nebentätigkeit gehören nicht zu den Einkünften aus nichtselbständiger Arbeit.

Sie gehören in der Regel zu den Einkünften aus selbständiger Arbeit (§ 18 EStG). Sie sind jedoch der Einkunftsart des Hauptberufs (insbesondere Land- und Forstwirtschaft oder Gewerbebetrieb) zuzurechnen, wenn die Nebentätigkeit die Ausübung des Hauptberufs zur Voraussetzung hat oder mit dem Hauptberuf in engem wirtschaftlichen Zusammenhang steht.

Beispiele:

A. Voraussetzung für die Uebertragung eines Ehrenamts im Handwerk ist die Eintragung in der Handwerksrolle als Handwerker. Die Einnahmen aus dem Ehrenamt gehören grundsätzlich zu den Einkünften aus Gewerbebetrieb.

B. Fleischbeschauer können Tierärzte, Gewerbetreibende, Landwirte, Beamte und andere Personen sein. Die Einnahmen aus der Fleischbeschauung gehören zu den Einkünften aus selbständiger Arbeit.

C. Als Viehwieger werden Landwirte, Rentner, Beamte, Angestellte und andere Personen bestellt. Die Einnahmen aus der Wiegetätigkeit gehören zu den Einkünften aus selbständiger Arbeit.

(4) Wegen der nebenberuflichen Lehrtätigkeit Hinweis auf Abschnitt 40 EStR 1943.

d) Nichtselbständige Arbeit (§ 2 Absatz 3 Ziffer 4)

§ 19.

(1) Zu den Einkünften aus nichtselbständiger Arbeit gehören:

a) Gehälter, Löhne, Gratifikationen, Tantiemen und andere Bezüge und Vorteile, die für eine Beschäftigung im öffentlichen oder privaten Dienst gewährt werden,

b) Wartegelder, Ruhegelder, Witwen- und Waisengelder und andere Bezüge und Vorteile aus früheren Dienstleistungen.

Es ist gleichgültig, ob es sich um laufende oder um einmalige Bezüge handelt und ob ein Rechtsanspruch auf sie besteht.

(2) Zu den Einkünften aus nichtselbständiger Arbeit gehören nicht:

a) durchlaufende Gelder und Beträge, durch die Auslagen des Arbeitnehmers für den Arbeitgeber ersetzt werden,

b) die Beträge, die den in privatem Dienst angestellten Personen für Reisekosten und Fahrtauslagen gezahlt werden, soweit sie die tatsächlichen Aufwendungen nicht übersteigen.

EStR 1941

88. Allgemeines

Die Anordnungen, die in den Lohnsteuer-Richtlinien für den Steuerabzug vom Arbeitslohn enthalten sind, gelten im gleichen Umfang auch für die Veranlagung von Einkünften aus nichtselbständiger Arbeit zur Einkommensteuer.

EStR 1943

37. Wert der Mahlzeiten bei veranlagten Arbeitnehmern

(1) Es kommt vor, daß Arbeitgeber ihren Arbeitnehmern Mahlzeiten unentgeltlich oder unter dem üblichen Mittelpreis des Verbrauchsorts gewähren. Ich habe durch meinen Erlaß vom 17. April 1943 (Reichssteuerbl. 1943 S. 345 Nr. 308) zur Vereinfachung des Lohnsteuerverfahrens zugelassen, daß der Arbeitgeber die Lohnsteuer von dem steuerpflichtigen Wert der Mahlzeiten pauschal berechnen kann. Voraussetzung ist dabei, daß der Arbeitgeber die Lohnsteuer übernimmt.

(2) Es werden durch diese Regelung auch Arbeitnehmer betroffen, die zur Einkommensteuer zu veranlagen sind. Die Einkommensteuer für den steuerpflichtigen Wert des Sachbezugs ist durch die Pauschversteuerung (Absatz 1) auch bei den Arbeitnehmern, die zur Einkommensteuer zu veranlagen sind, abgegolten. Arbeitnehmer, bei denen der steuerpflichtige Wert von Mahlzeiten im Lohnsteuerverfahren pauschal versteuert worden ist, brauchen deshalb in ihrer Einkommensteuererklärung Angaben über den Wert der Mahlzeiten nicht zu machen.

38. Zuweisungen des Arbeitgebers an eine Pensionskasse oder Unterstützungskasse

Ich habe durch meinen Erlaß vom 22. Dezember 1941 (Reichssteuerbl. 1941 S. 969) die lohnsteuerliche Behandlung der Ausgaben des Arbeitgebers für die Zukunftsicherung des Arbeitnehmers geregelt. Wird die Lohnsteuer von einer Zuweisung des Arbeitgebers an eine Pensionskasse oder an eine Unterstützungskasse in einem Pauschbetrag erhoben, scheidet der Anteil, der von der Zuweisung auf den einzelnen Arbeitnehmer entfallen würde, bei der Ermittlung der Einkünfte aus nichtselbständiger Arbeit aus. Der Arbeitnehmer kann den Teil der Zuweisung, der auf ihn entfallen würde, nicht als Sonderausgabe geltend machen.

40. Einkünfte aus nichtselbständiger Arbeit, die durch Veranlagung zur Einkommensteuer heranzuziehen sind

(1) Berufsschulen, Fachschulen und Veranstalter von Lehrgängen ziehen zur Durchführung des Lehrbetriebs als Lehrkräfte oft Personen heran, die die Lehrtätigkeit bei der Schule als Nebentätigkeit ausüben. Hinweis auf Abschnitt 35 EStR 1943. Es handelt sich dabei um Personen, die im Hauptberuf Land- und Forstwirte, Gewerbetreibende, selbständig Berufstätige oder Arbeitnehmer sind. Die Lehrkräfte haben über ein bestimmtes Gebiet zu festgesetzten Stunden Vorlesungen oder Unterricht zu halten. Die Ausübung der Lehrtätigkeit im Nebenberuf ist in der Regel als Ausübung eines freien Berufs anzusehen. Die nebenberuflich tätigen Lehrkräfte sind nur dann Arbeitnehmer, wenn sie in den Schulbetrieb fest eingegliedert sind und in der Ausübung ihrer Lehrtätigkeit an die Weisungen der Schulleitung gebunden sind. Eine solche Eingliederung ist in der Regel nicht anzunehmen, wenn die nebenberuflich tätige Lehrkraft in der Woche oder im Monat nur wenige Unterrichtsstunden zu geben hat.

(2) Soweit nebenberuflich tätige Lehrkräfte als Arbeitnehmer in Betracht kommen, sind die Vergütungen, die sie für die Lehrtätigkeit erhalten, Arbeitslohn. Es kann in den Fällen, die im Absatz 3 bezeichnet sind, vom Lohnsteuerabzug immer dann abgesehen werden, wenn der Arbeitnehmer damit einverstanden ist und die Schule oder der Veranstalter des Lehrgangs sich verpflichtet, spätestens im Monat Januar eines jeden Jahres den Finanzämtern des Wohnsitzes der Lehrkraft das Folgende mitzuteilen:

a) Namen, Stand und Wohnung der im abgelaufenen Kalenderjahr beschäftigten Lehrkräfte,
b) die Höhe der an jede Lehrkraft im abgelaufenen Kalenderjahr insgesamt gezahlten Vergütungen.

Die Vergütungen sind in diesen Fällen zur Einkommensteuer durch Veranlagung heranzuziehen. Hinweis auf Abschnitt 73 Absatz 2 EStR 1943.

(3) Das im Absatz 2 zugelassene Verfahren kann auf nebenberuflich tätige Lehrkräfte angewendet werden, die beschäftigt werden

a) bei Lehrgängen, die von Gauwirtschaftskammern, Wirtschaftskammern, Innungen und ähnlichen Gliederungen des Handwerks veranstaltet werden,
b) an Gemeindeverwaltungs- und Sparkassenschulen,
c) an gewerblichen und landwirtschaftlichen Berufsschulen und Fachschulen,
d) bei Fachlehrgängen für Krankenkassenangestellte.

Die Oberfinanzpräsidenten können das Verfahren auf Antrag auch bei anderen Schulen oder Veranstaltern von Lehrgängen zulassen.

(4) Die katholischen Geistlichen erhalten oft Meßstipendien. Das Meßstipendium ist nach katholischem Kirchenrecht eine für den Geistlichen bestimmte Zuwendung, durch deren Annahme er zur Abhaltung einer Messe verpflichtet wird. Das Meßstipendium und die

Stolgebühr sind Arbeitslohn. Sie sind zur Einkommensteuer nicht im Lohnsteuerverfahren, sondern durch Veranlagung heranzuziehen. Es kann in geeigneten Fällen zwischen dem Oberfinanzpräsidenten und den katholischen Kirchenbehörden die Vornahme des Steuerabzugs vom Arbeitslohn vereinbart werden.

e) Kapitalvermögen (§ 2 Absatz 3 Ziffer 5)

§ 20.

(1) Zu den Einkünften aus Kapitalvermögen gehören:

a) Gewinnanteile (Dividenden), Zinsen, Ausbeuten und sonstige Bezüge aus Aktien, Kuxen, Genußscheinen, Anteilen an Gesellschaften mit beschränkter Haftung, an Erwerbs- und Wirtschaftsgenossenschaften und Kolonialgesellschaften, aus Anteilen an der Reichsbank und an bergbautreibenden Vereinigungen, die die Rechte einer juristischen Person haben,

b) Einkünfte aus der Beteiligung an einem Handelsgewerbe als stiller Gesellschafter,

c) Zinsen aus Hypotheken und Grundschulden und Renten aus Rentenschulden. Bei Tilgungshypotheken und Tilgungsgrundschulden ist nur der Teil der Zahlung steuerpflichtig, der als Zins auf den jeweiligen Kapitalrest entfällt,

d) Zinsen aus sonstigen Kapitalforderungen jeder Art, z. B. aus Darlehen, Anleihen, Einlagen und Guthaben bei Sparkassen, Banken und anderen Kreditanstalten,

e) Diskontbeträge von Wechseln und Anweisungen einschließlich der Schatzwechsel.

(2) Zu den Einkünften aus Kapitalvermögen gehören auch:

a) besondere Entgelte oder Vorteile, die neben den im Absatz 1 bezeichneten Einkünften oder an deren Stelle gewährt werden,

b) Einkünfte aus der Veräußerung von Dividendenscheinen, Zinsscheinen und sonstigen Ansprüchen, wenn die dazugehörigen Aktien, Schuldverschreibungen oder sonstigen Anteile nicht mitveräußert werden.

(3) Soweit Einkünfte der in den Absätzen 1 und 2 bezeichneten Art zu den Einkünften aus Land- und Forstwirtschaft, aus Gewerbebetrieb, aus selbständiger Arbeit oder aus Vermietung und Verpachtung gehören, sind sie diesen Einkünften zuzurechnen.

Zu den Einkünften aus Kapitalvermögen gehören nicht diejenigen Kapitalerträge, die im Betriebe einer Land- und Forstwirtschaft, Gewerbebetrieb oder innerhalb selbständiger Arbeit bzw. Vermietung und Verpachtung anfallen und ihnen nach der Verkehrsauffassung zuzurechnen sind.

EStR 1941

96. Stückzinsen

Werden festverzinsliche Wertpapiere im Laufe eines Zinszeitraums mit dem laufenden Zinsschein veräußert, so hat der Erwerber dem Veräußerer den Zinsbetrag zu ersetzen, der auf die Zeit seit dem letzten Zinstermin bis zur Veräußerung entfällt. Solche Zinsen heißen „Stückzinsen". Sie werden nach dem Zinsfuß, mit dem das Wertpapier zu verzinsen ist, besonders berechnet und vergütet. Für die Behandlung der Stückzinsen gilt das Folgende:

1. Der Veräußerer hat die besonders in Rechnung gestellten und vereinnahmten Stückzinsen als Einkünfte aus Kapitalvermögen zu versteuern.

2. Der Erwerber der Wertpapiere kann von den Einnahmen, die ihm bei der späteren Einlösung des Zinsscheins zufließen, die entrichteten Stückzinsen als Werbungskosten absetzen. Hinweis auf das RFH-Urteil vom 3. Februar 1938 (Reichssteuerbl. 1938 S. 499).

Diese Regelung gilt nur, wenn Wertpapiere veräußert werden, bei denen Stückzinsen besonders zu berechnen sind und tatsächlich berechnet werden. Wer Wertpapiere erwirbt, bei denen sich der erwartete Ertrag im Kurswert der Wertpapiere ausdrückt (z. B. Aktien), ist nicht berechtigt, von dem ihm später zufließenden Ertrag (z. B. der Dividende) den Mehrpreis abzusetzen, den er wegen der erwarteten Dividende entrichtet hat.

98. Pauschbetrag für Werbungskosten

Wegen des Pauschbetrags für Werbungskosten bei Einkünften aus Kapitalvermögen Hinweis auf Abschnitt 44.

f) Vermietung und Verpachtung (§ 2 Absatz 3 Ziffer 6)

§ 21.

(1) Einkünfte aus Vermietung und Verpachtung sind:

a) Einkünfte aus Vermietung und Verpachtung von unbeweglichem Vermögen, insbesondere von Grundstücken, Gebäuden, Gebäudeteilen, Schiffen, die in ein Schiffsregister eingetragen sind, und Rechten, die den Vorschriften des bürgerlichen Rechts über Grundstücke unterliegen (z. B. Erbbaurecht, Erbpachtrecht, Mineralgewinnungsrecht),

b) Einkünfte aus Vermietung und Verpachtung von Sachinbegriffen, insbesondere von beweglichem Betriebsvermögen,

c) Einkünfte aus zeitlich begrenzter Ueberlassung von Rechten, insbesondere von schriftstellerischen, künstlerischen und gewerblichen Urheberrechten, von gewerblichen Erfahrungen und von Gerechtigkeiten und Gefällen,

d) Einkünfte aus der Veräußerung von Miet- und Pachtzinsforderungen, auch dann, wenn die Einkünfte im Veräußerungspreis von Grundstücken enthalten sind und die Miet- oder Pachtzinsen sich auf einen Zeitraum beziehen, in dem der Veräußerer noch Besitzer war.

(2) Zu den Einkünften aus Vermietung und Verpachtung gehört auch der Nutzungswert der Wohnung im eigenen Haus oder der Nutzungswert einer dem Steuerpflichtigen ganz oder teilweise unentgeltlich überlassenen Wohnung einschließlich der zugehörigen sonstigen Räume und Gärten.

(3) Einkünfte der in den Absätzen 1 und 2 bezeichneten Art sind Einkünfte aus anderen Einkunftsarten zuzurechnen, soweit sie zu diesen gehören.

(4) Jeder, der einen Mietzins bezahlt oder irgendeine Zahlung auf Grund eines Vertrages über Land, Häuser oder andere Immobilien leistet, hat dem zuständigen Finanzamt vierteljährlich eine besondere Erklärung abzugeben, aus der die gezahlten Beträge und die Zahlungsempfänger ersichtlich sind.

EStR 1941

99. Pauschsätze für Werbungskosten

(1) Die Oberfinanzpräsidenten können als Hilfsmittel zur Ermittlung des Ueberschusses der Einnahmen über die Werbungskosten bei Vermietung und Verpachtung Pauschsätze für Werbungskosten aufstellen. Die Pausch-

sätze kommen nur für Gebäude in Betracht, die vor dem 1. Januar 1925 bezugsfertig geworden sind. Steuerpflichtige, die diese Pauschsätze angewendet haben, dürfen zum Einzelnachweis übergehen, aber in Zukunft die Pauschsätze nicht wieder anwenden.

100. Erhaltungsaufwand und Herstellungsaufwand

(1) Zu den Werbungskosten bei Vermietung und Verpachtung gehören auch der Erhaltungsaufwand und der Herstellungsaufwand. Der letztere ist auf die Gesamtdauer der Nutzung zu verteilen (§ 7 Absatz 1 EStG).

(2) Zum Erhaltungsaufwand gehören insbesondere die Aufwendungen für die laufende Instandhaltung und für die Instandsetzung (Nachholung zurückgestellter Instandhaltungsarbeiten). Zum Erhaltungsaufwand gehören auch die Aufwendungen für Ersatzzäune, die an Stelle der eisernen Vorgartenzäune beschafft worden sind. Aufwendungen für umfangreiche Instandsetzungsarbeiten an neuerworbenen Grundstücken sind grundsätzlich als Herstellungsaufwand zu behandeln.

(3) Der Erhaltungsaufwand ist § 11 Absatz 2 EStG gemäß in voller Höhe in dem Kalenderjahr abzusetzen, in dem er geleistet worden ist. Sind in einem Jahr besonders hohe Aufwendungen dieser Art entstanden (z. B. für Neudeckung des Daches, Anstrich des ganzen Hauses), so kann dem Steuerpflichtigen daran gelegen sein, die Kosten für Zwecke der Einkommensbesteuerung auf mehrere Jahre zu verteilen. Es kann in solchen Fällen dem Steuerpflichtigen auf Antrag gestattet werden, die Aufwendungen auf drei Jahre zu verteilen, so daß im Jahr der Entstehung und in den beiden folgenden Jahren je ein Drittel der Aufwendungen bei der Ermittlung der Einkünfte abzusetzen ist. Das entspricht auch der bisherigen Verwaltungsübung.

(4) Zum Herstellungsaufwand gehören insbesondere Aufwendungen für die Erweiterung (z. B. Anbau, Umbau)

und für die Verbesserung eines Gebäudes über den ursprünglichen Zustand hinaus (z. B. Einbau einer Sammelheizung an Stelle der Ofenheizung, einer Fahrstuhlanlage). Herstellungsaufwand ist auch gegeben, wenn durch die Aufwendungen die Wesensart des Gebäudes geändert wird (z. B. durch Aufteilung von Großwohnungen in Kleinwohnungen). Liegt Herstellungsaufwand vor, und fallen in den Rahmen dieser Aufwendungen auch Aufwendungen, die sonst als Erhaltungsaufwand angesehen werden (z. B. für Tapezieren, für Anstrich von Türen und Fenstern), so gehören auch diese zum Herstellungsaufwand, Hinweis auf das RFH-Urteil vom 17. April 1940 (Reichssteuerbl. 1940 S. 675).

(5) Die Grenzen zwischen Erhaltungsaufwand und Herstellungsaufwand sind flüssig. Ob Herstellungsaufwand vorliegt, ist deshalb nur zu prüfen, wenn es sich um eine verhältnismäßig große Aufwendung handelt.

102. Absetzung für Abnutzung bei Gebäuden, die unentgeltlich erworben oder vor dem 1. Januar 1925 angeschafft oder hergestellt worden sind

(1) Es ist § 9 Ziffer 1 EStDV 1941 gemäß für die Bemessung der Absetzung für Abnutzung als Anschaffungs- oder Herstellungskosten der letzte Einheitswert zugrunde zu legen:

a) bei einem Gebäude, das von dem Steuerpflichtigen unentgeltlich erworben worden ist, ohne Rücksicht auf den Zeitpunkt des Erwerbs,
b) bei einem Gebäude, das von dem Steuerpflichtigen vor dem 1. Januar 1925 angeschafft oder hergestellt worden ist.

Voraussetzung ist, daß das Gebäude nicht, auch nicht teilweise, zu einem Betriebsvermögen gehört.

(3) Für den Grund und Boden kommt eine Absetzung für Abnutzung nicht in Betracht. Die Absetzung für Abnutzung ist deshalb nach dem Gebäudeanteil am Ein-

heitswert zu bemessen. Sie richtet sich nach der Restlebensdauer. Diese ist insbesondere von dem Alter, der Bauweise, dem Bauzustand und der Nutzungsart des Gebäudes abhängig.

(4) Ich überlasse es den Oberfinanzpräsidenten, Richtsätze für die Bemessung der Absetzung für Abnutzung auf der Grundlage des letzten Einheitswerts aufzustellen, soweit dafür ein Bedürfnis besteht. Es ist dabei das Folgende zu beachten:

a) Die Richtsätze sind nach dem Anteil der Gebäude am Einheitswert zu bemessen. Sie sind aber zur Vereinfachung der Veranlagung in Hundertsätzen des ganzen Einheitswerts auszudrücken. Es ist dabei von einem durchschnittlichen Anteil des Grund und Bodens am Einheitswert auszugehen. Ist dieser Anteil im Einzelfall erheblich größer oder kleiner, so ist der Anteil des Grund und Bodens aus dem Einheitswert ganz auszuscheiden. Es ist in dem Fall der Hundertsatz, der vor der Umrechnung des Richtsatzes auf den ganzen Einheitswert ermittelt worden ist, auf den Gebäudeanteil am Einheitswert anzuwenden.

b) Die Berücksichtigung der Umstände, von denen die Restlebensdauer der Gebäude abhängt (Absatz 3), kann zur Aufstellung von Richtsätzen für bestimmte Gruppen von Gebäuden führen. Gebäude mit vielen Kleinwohnungen (Mietkasernen), Gebäude in besonders schlechtem Bauzustand und Gebäude, die in unsolider Bauweise errichtet worden sind, haben z. B. eine kürzere Lebensdauer als Gebäude, die sich normal abnutzen.

(5) Die Oberfinanzpräsidenten können bestimmen, daß Hilfswerte für die Bemessung der Absetzung für Abnutzung, die sich als brauchbar erwiesen haben, bis auf weiteres beibehalten werden. Voraussetzung für ihre Anwendung ist, daß zwischen dem Steuerpflichtigen und

dem Finanzamt über den Betrag der Absetzung für Abnutzung kein Streit besteht.

103. Erhöhte Absetzung für Abnutzung bei Gebäuden

(2) Eine erhöhte Absetzung für Abnutzung kann nicht allgemein, sondern nur in begründeten Einzelfällen gewährt werden. Es sind das die Fälle, in denen wesentliche Instandhaltungsarbeiten oder Instandsetzungsarbeiten wegen der Kriegsverhältnisse unterblieben sind. Voraussetzung ist, daß dadurch die Nutzungsdauer des Gebäudes beeinträchtigt worden ist. Als derartiger Erhaltungsaufwand werden insbesondere Außenarbeiten (z. B. Dachreparatur, Fassadenerneuerung) in Betracht kommen. Das Unterlassen von sogenannten Schönheitsreparaturen rechtfertigt eine erhöhte Absetzung für Abnutzung nicht.

(3) Der Steuerpflichtige, der eine erhöhte Absetzung für Abnutzung beantragt, muß dem Finanzamt glaubhaft machen, daß eine wesentliche Instandhaltungsarbeit oder Instandsetzungsarbeit an seinem Gebäude unterblieben ist. Der Rückgang des Erhaltungsaufwands gegenüber den Vorkriegsjahren (ohne die Schönheitsreparaturen) kann dabei als Anhalt dienen, reicht aber allein nicht aus.

(4) Der Umfang der erhöhten Absetzung für Abnutzung hängt davon ab, in welchem Ausmaß die Nutzungsdauer eines Gebäudes durch den unterbliebenen Erhaltungsaufwand beeinträchtigt worden ist. Diese Feststellung wird oft schwierig sein. Ich bin zur Vereinfachung des Verfahrens damit einverstanden, daß in den Fällen, in denen eine außergewöhnliche technische Abnutzung vorliegt, der bisherige normale Abnutzungsbetrag um 25 v. H. bis höchstens 50 v. H. erhöht wird.

(5) Soweit Hausbesitzer die von einzelnen Oberfinanzpräsidenten aufgestellten Pauschsätze für Werbungskosten (Hinweis auf Abschnitt 99) in Anspruch nehmen, scheidet eine Erhöhung der Absetzung für Abnutzung aus.

104. Absetzung für Abnutzung bei Sammelheizungen und Fahrstuhlanlagen

(1) Die Absetzung für Abnutzung kann bei Gebäuden, die nicht zu einem Betriebsvermögen gehören, nur einheitlich vom gesamten Gebäudewert nach der Nutzungsdauer des Gebäudes vorgenommen werden. Das gilt auch, wenn in ein Haus besondere Anlagen eingebaut sind. Gesonderte Absetzungen für Abnutzung für diese Anlagen, insbesondere für Sammelheizungen und Fahrstuhlanlagen, sind in der Regel unzulässig. Alle Ausgaben für Wiederherstellung und Erneuerung der bezeichneten Anlagen müssen dementsprechend als Erhaltungsaufwand für die Gebäude angesehen werden. Sie können sofort in voller Höhe abgesetzt werden. Hinweis auf das RFH-Urteil vom 27. Mai 1936 (Reichssteuerbl. 1936 S. 886).

(2) Die Grundsätze des Absatzes 1 gelten auch, wenn die Anlagen nicht sofort, sondern erst später in das Gebäude eingebaut werden. Es können dann ebenfalls gesonderte Absetzungen nicht vorgenommen werden. Die Anlagekosten sind dem Gebäudewert zuzuschreiben und mit diesem nach der Restlebensdauer des Gebäudes abzusetzen, wenn nicht im einzelnen Fall Erhaltungsaufwand anzunehmen ist.

(3) Ausnahmen von dem Grundsatz, daß alle Bestandteile des Gebäudes nur einheitlich mit dem Gebäude selbst abgesetzt werden können, sind nur für solche Anlagen zulässig, die von vornherein nur für eine vorübergehende Zeit errichtet werden.

Beispiele:

Es wird eine Anlage für besondere Zwecke eines Mieters eingebaut. Die Anlage hat nur für diesen Mieter Wert. Sie kann nach der voraussichtlichen Dauer des Mietvertrages abgesetzt werden.

Das gleiche gilt für Ladeneinbauten in Wohnhäusern. Auch bei Umbauten von Läden, Kaffeehäusern usw. in großstädtischen Verhältnissen, die nach der Erfahrung nur für verhältnismäßig kurze Zeit einen wirtschaftlichen

Wert haben, kann die Verteilung der Absetzung auf die Dauer der voraussichtlichen wirtschaftlichen Nutzung in Betracht kommen. Hinweis auf das RFH-Urteil vom 8. Mai 1941 (Reichssteuerbl. 1941 S. 548).

105. Ermittlung des Nutzungswerts der Wohnung im eigenen Einfamilienhaus

(1) Die Verordnung über die Bemessung des Nutzungswerts der Wohnung im eigenen Einfamilienhaus ist im Anhang abgedruckt. § 2 Absatz 2 der Verordnung bestimmt, daß von dem Grundbetrag (3 oder $3^1/_2$ v. H. des Einheitswerts) nur die Schuldzinsen bis zur Höhe des Grundbetrags abgezogen werden können. Alle anderen Aufwendungen für das Einfamilienhaus sind bereits bei der Bemessung des Grundbetrags berücksichtigt. Auch Aufwendungen für Gitterersatz an Stelle der unentgeltlich abgelieferten Eisenzäune können von dem Grundbetrag nicht abgesetzt werden.

EStR 1943

44. Ermittlung des Nutzungswerts der Wohnung im eigenen Einfamilienhaus

(1) Sind auf ein Einfamilienhaus, das vor dem 1. Januar 1925 bezugsfertig geworden ist, nach diesem Zeitpunkt Aufwendungen gemacht worden, die Herstellungsaufwand sind (zum Beispiel für einen Anbau, für einen Umbau oder für eine Verbesserung über den ursprünglichen Zustand hinaus), so sind als Grundbetrag im Sinn des § 2 der Verordnung vom 26. Januar 1937 (Anhang 6 EStR. 1941) $3^1/_2$ v. H. des Einheitswerts anzusetzen, wenn der Neubauanteil wertmäßig überwiegt. Hinweis auf die entsprechende Bestimmung im § 31 GrStDV 1937 (Reichssteuerbl. 1937 S. 781 Nr. 543).

(2) Der Nutzungswert der Wohnung, die einer nicht unterhaltsberechtigten Person freiwillig unentgeltlich überlassen wird, ist vom Ueberlasser zu versteuern,

wenn dieser unbeschränkt steuerpflichtig ist. Hinweis auf Abschnitt 63 EStR 1941 und auf das RFH-Urteil vom 29. Januar 1942 (Reichssteuerbl. 1942 S. 471 Nr. 337).

g) Sonstige Einkünfte (§ 2 Absatz 3 Ziffer 7)

§ 22. Arten der sonstigen Einkünfte.

Sonstige Einkünfte sind:

1. wiederkehrende Bezüge, soweit sie nicht zu anderen Einkunftsarten (§ 2 Absatz 3 Ziffern 1 bis 6) gehören, insbesondere
   a) vererbliche Renten,
   b) Leibrenten, Leibgedinge, Zeitrenten und andere unvererbliche Renten,
   c) Zuschüsse und sonstige Vorteile, die als wiederkehrende Bezüge gewährt werden. Ist die Zuwendung freiwillig oder an eine gesetzlich unterhaltsberechtigte Person gewährt, so ist sie nicht dem Empfänger zuzurechnen, wenn der Geber unbeschränkt steuerpflichtig ist,
2. Einkünfte aus Spekulationsgeschäften im Sinn des § 23,
3. Einkünfte aus Leistungen, soweit sie weder zu anderen Einkunftsarten (§ 2 Absatz 3 Ziffern 1 bis 6) noch zu den Einkünften im Sinn der Ziffer 1 oder Ziffer 2 gehören, z. B. Einkünfte aus gelegentlichen Vermittlungen und aus der Vermietung beweglicher Gegenstände. Solche Einkünfte sind nicht steuerpflichtig, wenn sie weniger als 300 RM im Kalenderjahr betragen haben. Uebersteigen die Werbungskosten die Einnahmen, so darf der übersteigende Betrag bei Ermittlung

des Einkommens nicht ausgeglichen (§ 2 Absatz 2) werden.

EStR 1941

110. Pauschbetrag für Werbungskosten

Wegen des Pauschbetrags für Werbungskosten bei wiederkehrenden Bezügen im Sinn des § 22 Ziffer 1 EStG Hinweis auf Abschnitt 44.

§ 23. Spekulationsgeschäfte.

(1) Spekulationsgeschäfte (§ 22 Ziffer 2) sind

a) Veräußerungsgeschäfte, bei denen der Zeitraum zwischen Anschaffung und Veräußerung beträgt:

1. bei Grundstücken und Rechten, die den Vorschriften des bürgerlichen Rechts über Grundstücke unterliegen (z. B. Erbbaurecht, Erbpachtrecht, Mineralgewinnungsrecht), nicht mehr als zwei Jahre,

2. bei anderen Wirtschaftsgütern, insbesondere bei Wertpapieren, nicht mehr als ein Jahr,

b) Veräußerungsgeschäfte, bei denen die Veräußerung der Wirtschaftsgüter früher erfolgt als der Erwerb.

(2) Außer Ansatz bleiben die Einkünfte aus der Veräußerung von

a) Schuld- und Rentenverschreibungen von Schuldnern, die Wohnsitz, Geschäftsleitung oder Sitz im Inland haben, es sei denn, daß bei ihnen neben der festen Verzinsung ein Recht auf Umtausch in Gesellschaftsanteile (Wandelanleihen) oder eine Zusatzverzinsung, die sich nach der Höhe der Gewinnausschüttungen des Schuldners richtet, eingeräumt ist oder daß sie von dem Steuerpflichtigen im Ausland erworben worden sind,

b) Forderungen, die in ein inländisches öffentliches Schuldbuch eingetragen sind,

c) Vorzugsaktien der Deutschen Reichsbahn.

(3) Spekulationsgeschäfte liegen nicht vor, wenn Wirtschaftsgüter veräußert werden, deren Wert bei Einkünften im Sinn des § 2 Absatz 3 Ziffern 1 bis 6 anzusetzen ist.

(4) Gewinn oder Verlust aus Spekulationsgeschäften ist der Unterschied zwischen dem Veräußerungspreis einerseits und den Anschaffungs- oder Herstellungskosten und den Werbungskosten andererseits. Gewinne aus Spekulationsgeschäften bleiben steuerfrei, wenn der aus Spekulationsgeschäften erzielte Gesamtgewinn im Kalenderjahr weniger als 1000 Reichsmark betragen hat. Verluste aus Spekulationsgeschäften dürfen nur bis zur Höhe des Spekulationsgewinns, den der Steuerpflichtige im gleichen Kalenderjahr erzielt hat, ausgeglichen werden.

Die Bestimmung des § 23 über Spekulationsgeschäfte findet keine Anwendung, wenn es sich um Veräußerungsgeschäfte handelt, die bei den Einkunftsarten des § 2 Absatz 3 Ziffer 1 bis 6 zu berücksichtigen sind, d. h. also die bei den Einkünften aus Land- und Forstwirtschaft, aus Gewerbebetrieb oder aus selbständiger Arbeit im Rahmen des Bestandsvergleichs zu erfassen sind oder deren Gewinn bei den Einkünften aus nichtselbständiger Arbeit, aus Kapitalvermögen oder aus Vermietung und Verpachtung eine Einnahme bildet; in allen diesen Fällen ist der Veräußerungsgewinn steuerpflichtig.

h) Gemeinsame Vorschriften

§ 24.

Zu den Einkünften im Sinn des § 2 Absatz 3 gehören auch

1. Entschädigungen, die gewährt worden sind

a) als Ersatz für entgangene oder entgehende Einnahmen oder

b) für die Aufgabe oder Nichtausübung einer Tätigkeit, für die Aufgabe einer Gewinnbeteiligung oder einer Anwartschaft auf eine solche,

2. Einkünfte aus einer ehemaligen Tätigkeit im Sinn des § 2 Absatz 3 Ziffern 1 bis 4 oder aus einem früheren Rechtsverhältnis im Sinn des § 2 Absatz 3 Ziffern 5 bis 7, und zwar auch dann, wenn sie dem Steuerpflichtigen als Rechtsnachfolger zufließen.

Der § 24 bringt eine gemeinsame Vorschrift für die im § 2 Absatz 3 aufgeführten sieben Einkunftsarten. Inwieweit die Entschädigungen als Ersatz für entgangene oder entgehende Einnahmen oder für die Aufgabe oder Nichtausübung einer Tätigkeit, für die Aufgabe einer Gewinnbeteiligung oder einer Anwartschaft auf eine solche der einen oder anderen Einkunftsart des § 2 Absatz 3 zuzurechnen sind, ist nur nach Lage des Einzelfalles zu entscheiden.

III. Veranlagung

§ 25. Veranlagungszeitraum.

(1) Die Einkommensteuer wird nach Ablauf des Kalenderjahrs (Veranlagungszeitraums) nach dem Einkommen veranlagt, das der Steuerpflichtige in diesem Veranlagungszeitraum bezogen hat, soweit nicht nach § 46 eine Veranlagung unterbleibt.

(2) Hat die Steuerpflicht nicht während des vollen Veranlagungszeitraums bestanden, so wird das während der Dauer der Steuerpflicht bezogene Einkommen zugrunde gelegt. In diesem Fall kann die Veranlagung bei Wegfall der Steuerpflicht sofort vorgenommen werden.

Auch nach dem Gesetz Nr. 12 ist der Veranlagungszeitraum das Kalenderjahr geblieben. Nur werden die Vorauszahlungen festgesetzt auf Grund des Einkommens in den einzelnen Quartalen. Näheres siehe unter § 35.

EStDV 41

§ 16

Steuererklärungspflicht im Fall der Haushaltsbesteuerung

(1) Der Ehemann hat in seiner Steuererklärung auch die Einkünfte seiner Ehefrau anzugeben, die § 26 des Gesetzes gemäß bei der Zusammenveranlagung der Ehegatten mit seinen Einkünften zusammenzurechnen sind. Das gilt nicht für die Einkünfte aus nichtselbständiger Arbeit, die die Ehefrau in einem dem Ehemann fremden Betrieb bezogen hat (§ 19 Absatz 1).

(2) Der Haushaltsvorstand hat in seiner Steuererklärung auch die Einkünfte der Kinder und anderen Angehörigen anzugeben, die § 27 des Gesetzes gemäß bei der Zusammenveranlagung mit seinen Einkünften zusammenzurechnen sind.

(3) Die Ehefrau hat eine Steuererklärung über ihre Einkünfte, die in der Steuererklärung ihres Ehemanns nicht enthalten sind, abzugeben, wenn das Finanzamt sie dazu auffordert. Entsprechendes gilt für die Kinder und anderen Angehörigen im Fall des Absatzes 2.

§ 17

Erklärungen bei gesonderter Feststellung der Besteuerungsgrundlagen

(1) Der Unternehmer ist verpflichtet, eine besondere Erklärung über den Gewinn aus Gewerbebetrieb an das Betriebsfinanzamt (§ 72 Ziffer 2 der Reichsabgabenordnung) abzugeben, wenn der Gewinn aus dem gewerblichen Betrieb gesondert festzustellen ist. Hinweis auf § 1 der Verordnung über gesonderte Feststellung von Besteuerungsgrundlagen vom 27. November 1937 (Reichsgesetzbl. I S. 1317, Reichssteuerbl. 1937 S. 1205).

(2) Die zur Geschäftsführung oder Vertretung einer Gesellschaft oder Gemeinschaft befugten Personen sind, wenn die Einkünfte einheitlich und gesondert festzu-

stellen sind (§ 215 Absätze 2 bis 4 der Reichsabgabenordnung), verpflichtet, eine Erklärung zur einheitlichen Feststellung der Einkünfte der einzelnen Beteiligten abzugeben.

§ 18

Form der Erklärungen

(1) Die Erklärungen (§§ 15 bis 17) müssen auf den amtlichen Vordrucken abgegeben werden. Sie müssen eigenhändig oder durch einen Bevollmächtigten unterschrieben sein. Das Finanzamt kann die Vorlage einer schriftlichen Vollmacht verlangen, wenn Zweifel über die Erteilung der Vollmacht bestehen.

(2) Wer Bücher führt und regelmäßig Abschlüsse macht, muß seiner Erklärung eine Abschrift der Vermögensübersicht (Bilanz) beifügen. Diese muß auf dem Zahlenwerk der Buchführung beruhen. Wer Bücher führt, die den Grundsätzen der doppelten Buchführung entsprechen, muß außerdem eine Hauptabschlußübersicht beifügen. Das muß in der Form des amtlichen Musters geschehen.

(3) Es kommt vor, daß mancher Betrag in den Uebersichten nicht ohne weiteres bereits den steuerlichen Erfordernissen entspricht. Diese Beträge müssen durch geeignete Zusätze oder Anmerkungen den steuerlichen Erfordernissen angepaßt werden, wenn es der Steuerpflichtige nicht vorzieht, eine besondere Uebersicht mit dem Zusatz „für steuerliche Zwecke" beizufügen.

(4) Liegen Jahresberichte (Geschäftsberichte) oder Treuhandberichte (Wirtschaftsprüfungsberichte) vor, so müssen auch diese der Erklärung beigefügt werden.

(5) Hat eine natürliche Person, eine Personengesellschaft oder eine juristische Person, die geschäftsmäßig Hilfe in Steuersachen leistet, bei der Anfertigung der Anlagen (Absätze 2 bis 4) mitgewirkt, so sind ihr Name und ihre Anschrift in der Erklärung anzugeben.

EStR 1941

113. Steuererklärung der Ehefrau über ihre Einkünfte aus nichtselbständiger Arbeit

Einkünfte aus nichtselbständiger Arbeit, die die Ehefrau in einem ihrem Ehemann fremden Betrieb bezogen hat, sind in der Steuererklärung des Ehemanns nicht anzugeben.

114. Steuererklärung der Ehefrau über ihre anderen Einkünfte

Die Verpflichtung der Ehefrau, § 16 Absatz 3 Satz 1 EStDV 1941 gemäß eine Steuererklärung abzugeben, bezieht sich auf diejenigen Einkünfte der Ehefrau, die den Einkünften ihres Ehemannes im Rahmen der Haushaltsbesteuerung § 26 Absatz 2 EStG (§ 16 Absatz 1 Satz 1 EStDV 41) gemäß hinzuzurechnen, aber in der Steuererklärung des Ehemannes nicht enthalten sind. Dafür kommen alle Einkünfte in Betracht mit Ausnahme der Einkünfte aus nichtselbständiger Arbeit in einem dem Ehemann fremden Betrieb.

115. Steuererklärung der Kinder und anderen Angehörigen

Die Ausführungen in den Abschnitten 113 und 114 gelten für die Kinder und anderen Angehörigen, die mit dem Haushaltsvorstand § 27 EStG gemäß zusammen zu veranlagen sind, entsprechend. Hinweis auf § 16 Absatz 2 und Absatz 3 Satz 2 EStDV 1941.

EStR 1943

48. Besondere Erklärung über den Gewinn aus Gewerbebetrieb

Die Verpflichtung des Unternehmers, eine besondere Erklärung über den Gewinn aus Gewerbebetrieb an das Betriebsfinanzamt abzugeben, hat ab 1. Februar 1944 ihren Grund im § 6 der Verordnung über die Zuständigkeit im Besteuerungsverfahren vom 3. Januar 1944

(Reichsgesetzbl. I S. 11 und Reichssteuerbl. 1944 S. 17 Nr. 19). Diese Verordnung ist ab dem bezeichneten Zeitpunkt an die Stelle der Verordnung über gesonderte Feststellung von Besteuerungsgrundlagen vom 27. November 1937 (Reichsgesetzbl. I S. 1317 und Reichssteuerbl. 1937 S. 1205 Nr. 950) getreten.

49. Hauptabschlußübersicht

(1) Wer Bücher führt, die den Grundsätzen der doppelten Buchführung entsprechen, muß seiner Einkommensteuererklärung oder Körperschaftsteuererklärung auch eine Hauptabschlußübersicht beifügen (§ 18 Absatz 2 Satz 3 EStDV 1941). Die Hauptabschlußübersicht stellt die Betriebsergebnisübersicht (die Verlust- und Gewinnübersicht) und, dieser vorgelagert, eine Uebersicht über das Zahlenwerk, aus dem sich die Teile des Betriebsergebnisses (die „Verluste" und die „Gewinne") ergeben, dar. Was durch die Hauptabschlußübersicht verlangt wird, ist nichts Neues, insbesondere nichts, was irgendwelche besonderen Kenntnisse erfordert.

(2) Das Wesen der doppelten Buchführung besteht darin, daß jeder Betriebsvorgang, durch den das Betriebsvermögen eine Aenderung in seiner Zusammensetzung und in vielen Fällen gleichzeitig in seiner Höhe erfährt, sachkontenmäßig festgehalten wird. Die Sachkonten stellen die Aufgliederung des Betriebsvermögens in seine verschiedenen Bestandteile dar. Sie vermitteln auch eine Uebersicht über die Zusammensetzung des Betriebsergebnisses (des Betriebsgewinns oder Betriebsverlustes). Bei der sachkontenmäßigen Festhaltung (Verbuchung) eines jeden Betriebsvorgangs der bezeichneten Art erscheint jeder Betrag zweimal: auf dem einen Sachkonto unter bekommt Rechnung, auf dem anderen unter gibt Rechnung. Es muß infolgedessen das Zahlenwerk der Buchführung sich ausgleichen, es müssen die Summe aller bekommt Rechnungs-Beträge

und die Summe aller gibt Rechnungs-Beträge miteinander übereinstimmen (sich die Waage halten). Die doppelte Buchführung stellt, kurz gesagt, ein in sich ausgeglichenes Rechnungswerk dar.

(3) Es muß von Zeit zu Zeit, mindestens einmal im Jahr — am Schluß des Wirtschaftsjahres —, geprüft werden, ob die bezeichnete Uebereinstimmung der Kontensummen gegeben ist. Das geschieht dadurch, daß auf jedem Sachkonto die bekommt Rechnungs-Summe auf die gibt Rechnungs-Summe festgestellt werden, und daß diese Summe auf einem besonderen Blatt Papier oder in einem besonderen Heft oder Buch übersichtlich zusammengestellt werden. Diese Uebersicht enthält für jedes Sachkonto eine Zeile. Sie besteht aus drei Spalten: in der ersten Spalte erscheint der Name des Sachkontos, in der zweiten die bekommt Rechnungs-Summe, die sich seit Beginn des Wirtschaftsjahres bis zu dem Tag, auf den die Uebersicht lautet, auf dem Sachkonto ergibt, in der dritten die gibt Rechnungs-Summe, die sich seit Beginn des Wirtschaftsjahres bis zu dem Tag, auf den die Uebersicht lautet, auf dem Sachkonto ergibt. Die beiden Summenspalten sind aufzurechnen. In der ersten Summenspalte ergibt sich die Gesamtsumme aller bekommt Rechnungs-Summen, in der zweiten die Gesamtsumme aller gibt Rechnungs-Summen, die in der Uebersicht verzeichnet sind. Die beiden Gesamtsummen müssen, wenn jeder Betrag bei der Verbuchung einmal unter bekommt Rechnung und einmal unter gibt Rechnung erschienen ist, gleich groß sein. Stimmen sie nicht miteinander überein, muß der Unstimmigkeit nachgegangen werden, bis der Buchungsfehler festgestellt ist und Uebereinstimmung der beiden Gesamtsummen erreicht ist.

(4) Die Uebersicht, in der die bekommt Rechnungs-Summen und die gibt Rechnungs-Summen der Sachkonten zusammengestellt sind und die Gesamtsummen übereinstimmen (sich die Waage halten) müssen, wird als

Summenbilanz oder Probebilanz bezeichnet, als „Summenbilanz", weil sich die Summen die Waage halten müssen, als „Probebilanz", weil es sich um die Probe darauf handelt, ob sich die Summen die Waage halten.

(5) Die Summenbilanz stellt den Beweis dafür dar, daß das Rechnungswerk, um das es sich bei der doppelten Buchführung handelt, in sich ausgeglichen ist und demgemäß bekommt Rechnung und gibt Rechnung (Soll und Haben) sich die Waage halten. Sie stellt damit gleichzeitig eine Uebersicht über den Summenstand der Sachkonten dar.

(6) Bei der Führung eines Einheitsbuchs wird eine Summenbilanz bereits jedesmal aufgestellt, wenn eine Seite vollgeschrieben ist; denn ein gewissenhafter Buchhalter wird die Summen, die sich zum Schluß der Seite ergeben, nicht auf die nächste Seite übertragen, ohne geprüft zu haben, ob das Rechnungswerk in sich ausgeglichen ist. Wenn nicht, braucht er nur die Buchungen der einen Seite zu überpüfen, um den Fehler zu finden.

(7) Die doppelte Buchführung besteht aus zwei Teilen: aus dem Rechnungswerk und der Hauptabschlußbilanz. Die Hauptabschlußbilanz ergibt sich aus dem Rechnungswerk und den Bewertungsvorschriften, die für die Feststellung des Betriebsergebnisses bestehen (den Bilanzbewertungsvorschriften). Das Rechnungswerk ist die Grundlage. Die Bewertungsvorschriften, die für die Feststellung des Betriebsergebnisses bestehen (die Bilanzbewertungsvorschriften), stellen die Ergänzung dieser Grundlage dar. Die Hauptabschlußbilanz ist demgemäß das Ergebnis des durch die Bilanzbewertungsvorschriften ergänzten Rechnungswerks.

(8) Vor Aufstellung der Hauptabschlußbilanz muß demgemäß der Stand des Rechnungswerks festgestellt und übersichtlich zusammengestellt werden. Der Beginn dieser Feststellung ist die Aufstellung der Summen-

bilanz, die sich aus dem Rechnungswerk ergibt. Im Anschluß an die Summenbilanz muß die Ueberschußbilanz aufgestellt werden. Diese ergibt sich aus der Summenbilanz; denn sie besteht in einer Zusammenstellung der Ueberschüsse, die sich auf jedem Sachkonto ergeben. Die Ueberschüsse müssen aufgerechnet werden. Die Summen, die sich bei der Aufrechnung ergeben, müssen miteinander übereinstimmen; denn aus einer ausgeglichenen Summenübersicht ergibt sich zwangsläufig eine ausgeglichene Ueberschußübersicht. Die Ueberschußbilanz stellt den Stand der Sachkonten dar, der sich unmittelbar aus dem Rechnungswerk ergibt — die Buchwerte. Von diesem Stand der Sachkonten — von diesen Buchwerten — ist bei der Aufstellung der Hauptabschlußbilanz auszugehen. Die Aufstellung der Summenbilanz und der Ueberschußbilanz ist demgemäß die unerläßliche Voraussetzung für die ordnungsmäßige Aufstellung der Hauptabschlußbilanz.

(9) Die Ueberschußbilanz wird auch als Buchbilanz oder Sachkontenbilanz bezeichnet, weil sie sich unmittelbar aus dem Rechnungswerk (dem Sachkontenwerk, dem Buchwerk) ergibt. Es sind in ihr noch nicht diejenigen Wertveränderungen enthalten, die üblicherweise nur bei der Aufstellung der Hauptabschlußbilanz festgestellt und berücksichtigt werden. Um diese Wertveränderungen wird das Rechnungswerk (die Buchbilanz) durch die Hauptabschlußbilanz ergänzt.

(10) Die Beträge, die in der Ueberschußbilanz (in der Buchbilanz) erschienen sind, stellen die Buchwerte dar. Sie ergeben sich unmittelbar aus der laufenden Buchführung (aus dem Buchwerk, dem Rechnungswerk). Die Beträge, die in der Hauptabschlußbilanz erscheinen, stellen die Bilanzwerte dar. Der Buchwert ist, wenn er nicht einer Ergänzung durch die Bilanzbewertungsvorschriften bedarf, auch Bilanzwert; mancher Buchwert ist nicht auch Bilanzwert; er wird erst durch die

Berücksichtigung der Bilanzbewertungsvorschriften zum Bilanzwert.

(11) Ist die Hauptabschlußbilanz aufgestellt, muß deren Zahlenwerk mit dem Zahlenwerk der Buchbilanz (der Ueberschußbilanz) verglichen werden. Was sich dabei für das einzelne Sachkonto als Unterschied zwischen Hauptabschlußbilanz und Buchbilanz (zwischen Bilanzwert und Buchwert) ergibt, ist Teil des Betriebsergebnisses (eine Betriebsvermögensverminderung — ein Verlust — oder eine Betriebsvermögenserhöhung — ein Gewinn). Die übersichtliche Zusammenstellung der verschiedenen Teile des Betriebsergebnisses ist die Betriebsergebnisübersicht (die Verlust- und Gewinnübersicht). Diese stellt die Uebersicht über die Zusammensetzung des Betriebsergebnisses dar.

(12) Zusammenfassung: Ohne Summenbilanz keine Feststellung, ob das Rechnungswerk in sich ausgeglichen ist. Ohne diese Feststellung keine Ueberschußbilanz (keine Buchbilanz, keine Buchwerte). Ohne Ueberschußbilanz (ohne Buchwerte) keine Hauptabschlußbilanz (keine Bilanzwerte). Ohne Vergleich der Posten in der Hauptabschlußbilanz mit denjenigen in der Ueberschußbilanz (der Bilanzwerte mit den Buchwerten) keine Betriebsergebnisübersicht (keine Verlust- und Gewinnübersicht). — Aus dem Rechnungswerk ergibt sich die Summenbilanz, aus der Summenbilanz die Ueberschußbilanz, aus der Ueberschußbilanz und den ergänzenden Bewertungsvorschriften, die für die Feststellung des Betriebsergebnisses bestehen (den Bilanzbewertungsvorschriften), die Hauptabschlußbilanz, aus dem Vergleich der Hauptabschlußbilanz mit der Ueberschußbilanz die Betriebsergebnisübersicht (die Verlust- und Gewinnübersicht). Die Nebeneinanderstellung der Summenbilanz, der Ueberschußbilanz, der Hauptabschlußbilanz und der Betriebsergebnisübersicht (der Verlust- und Gewinnübersicht) in der Weise, daß auf der Zeile eines jeden Sachkontos zunächst die Summen, dann

rechts anschließend der Ueberschuß (der Buchwert), dann der Bilanzwert und schließlich der Unterschied zwischen Bilanzwert und Buchwert als Teil des Betriebsergebnisses erscheinen, stellt die Hauptabschlußübersicht dar.

(13) Wir können die Hauptabschlußübersicht als begründete Betriebsergebnisübersicht (begründete Verlust- und Gewinnübersicht) bezeichnen. Die Begründung besteht darin, daß dargestellt wird, wie der einzelne Teil des Betriebsergebnisses (der Verlust oder Gewinn) sich aus dem Rechnungswerk und den ergänzenden Bilanzbewertungsvorschriften ergibt.

(14) Das Finanzamt kann, wenn der Gewerbetreibende angibt, ordnungsmäßige doppelte Buchführung zu haben, nicht darauf verzichten, daß der Gewerbetreibende außer der Hauptabschlußbilanz die Betriebsergebnisübersicht (die Verlust- und Gewinnübersicht) vorlegt. § 18 Absatz 2 Satz 3 EStDV 1941 gemäß muß die Betriebsergebnisübersicht (die Verlust- und Gewinnübersicht) begründet sein, das heißt, sie muß sich in der Form der Hauptabschlußübersicht befinden.

(15) § 18 Absatz 2 Satz 4 EStDV 1941 gemäß muß sich die Hauptabschlußübersicht in der Form des amtlichen Musters befinden. Dieses enthält vor der Summenbilanz noch die Wiedereröffnungsbilanz und eine Uebersicht über die Summenzugänge. Auf diese beiden Abteilungen kann verzichtet werden. Es erleichtert aber die Prüfung der Hauptabschlußbilanz und erhöht den Wert der Hauptabschlußübersicht, wenn der Summenbilanz wenigstens die Wiedereröffnungsbilanz vorgelagert wird.

(16) Es gibt Unternehmer, deren Buchführung so gestaltet ist, daß auf dem einzelnen Sachkonto sich jeweils nicht die bekommt Rechnungs-Summe und die gibt Rechnungs-Summe, sondern nur der Unterschied zwischen diesen beiden Summen ergibt. Dieser stellt

einen bekommt Rechnungs-Ueberschuß oder einen gibt Rechnungs-Ueberschuß dar. Solche Art von Buchführung wird als Saldenbuchführung bezeichnet. In dem Fall ist nicht auch die Aufstellung einer Summenbilanz, sondern nur die Aufstellung einer Ueberschußbilanz möglich. Das Finanzamt kann eine solche Buchführung und die daraus sich ergebende Hauptabschlußübersicht als Grundlage für die Gewinnermittlung für steuerliche Zwecke anerkennen. Die Sachkontenaufgliederung muß jedoch so gestaltet sein, daß auch die Ueberschußbilanz dem Finanzbeamten jede Auskunft gibt, deren er zur richtigen Beurteilung der Entwicklungen im Rechnungswerk des Unternehmens bedarf. Dazu gehört insbesondere, daß zwei Warenkonten geführt werden: ein Wareneingangskonto und ein Warenausgangskonto, oder daß in anderer Weise, so zum Beispiel auf Grund eines Wareneingangsbuchs, ohne jede Schwierigkeit festgestellt werden kann, wie groß im abgelaufenen Wirtschaftsjahr der Wareneingang und der Warenausgang gewesen sind.

(17) Es gibt Gewerbetreibende, die ihre Buchführung sehr stark aufgliedern und infolgedessen eine sehr große Zahl von Sachkonten führen. Das Finanzamt ist an einer Aufgliederung nur insoweit interessiert, als sie steuerlich von Bedeutung sein kann. Es ist geboten, daß die Gewerbetreibenden, in deren Buchführung die Aufgliederung über das steuerliche Interesse hinausgeht, vor der Aufstellung der für steuerliche Zwecke erforderlichen Hauptabschlußübersicht ihre Sachkonten entsprechend zusammenfassen, und zwar so, daß die Hauptabschlußübersicht aus möglichst nicht mehr als fünfzig Sachkonten besteht.

(18) Erklärt ein Steuerpflichtiger, daß seine Buchführung ihm die Aufstellung einer Hauptabschlußübersicht nicht ermögliche, so wird das in der Regel ein Beweis dafür sein,

a) daß entweder doppelte Buchführung überhaupt nicht

vorhanden ist oder daß die vermeintliche doppelte Buchführung nicht in Ordnung ist oder

b) daß die Hauptabschlußbilanz und die unbegründete Betriebsergebnisübersicht (Verlust- und Gewinnübersicht) nicht auf dem Zahlenwerk der laufenden Buchführung (auf dem Rechnungswerk, dem Buchwerk) beruhen und demgemäß für steuerliche Zwecke nicht maßgebend sein können.

(19) In den Steuererklärungsvordrucken für 1943 wird den Gewerbetreibenden nur empfohlen, eine Hauptabschlußübersicht beizufügen. Es wird angenommen, daß alle diejenigen Gewerbetreibenden, deren doppelte Buchführung in Ordnung ist, die Hauptabschlußübersicht beifügen. Das Finanzamt kann, wenn der Gewerbetreibende seiner Steuererklärung eine Hauptabschlußübersicht nicht beifügt, auf Grund des § 18 Absatz 2 Satz 3 EStDV 1941 früher oder später, auch noch zu Beginn einer Betriebsprüfung verlangen, daß die Hauptabschlußübersicht nachgereicht wird. Der Gewerbetreibende muß beweisen können, daß das Rechnungswerk seiner Buchführung in sich ausgeglichen ist und daß seine Hauptabschlußbilanz und die Betriebsergebnisübersicht (die Verlust- und Gewinnübersicht) auf dem Zahlenwerk der laufenden Buchführung (dem Rechnungswerk, dem Buchwerk) beruhen. Kann der Gewerbetreibende diesen Beweis nicht erbringen, ist das Finanzamt an die Angaben in der eingereichten Hauptabschlußbilanz und der Betriebsergebnisübersicht (der Verlust- und Gewinnübersicht) nicht gebunden.

(20) Muster von Hauptabschlußübersichten sind in den Bänden 2 und 3 von „Buchführung, Bilanz und Steuern" enthalten.

§ 26. Haushaltsbesteuerung: Ehegatten.

(1) Ehegatten werden zusammen veranlagt, solange beide unbeschränkt steuerpflichtig sind und nicht

dauernd getrennt leben. Diese Voraussetzungen müssen im Veranlagungszeitraum mindestens vier Monate bestanden haben.

(2) Bei der Zusammenveranlagung sind die Einkünfte der Ehegatten zusammenzurechnen.

EStDV 1941

Zu § 26 des Gesetzes

§ 19

Haushaltsbesteuerung mit Bezug auf die Ehegatten

(1) Es kommt vor, daß eine Ehefrau Einkünfte aus nichtselbständiger Arbeit in einem dem Ehemann fremden Betrieb bezieht. Solche Einkünfte scheiden bei der Zusammenveranlagung aus.

(2) Liegen bei einer minderjährigen Ehefrau während eines Teils des Veranlagungszeitraums die Voraussetzungen für ihre Zusammenveranlagung mit einem Haushaltsvorstand § 27 des Gesetzes gemäß und während des anderen Teils des Veranlagungszeitraums die Voraussetzung für ihre Zusammenveranlagung mit ihrem Ehemann § 26 des Gesetzes gemäß vor, so wird die Ehefrau nur mit ihrem Ehemann zusammen veranlagt.

EStR 1941

116. Haushaltsbesteuerung mit Bezug auf die Ehegatten

(1) Ehegatten werden § 26 Absatz 1 EStG gemäß entweder für den ganzen Veranlagungszeitraum oder überhaupt nicht zusammen veranlagt. Entscheidend ist, ob die Voraussetzungen des § 26 Absatz 1 Satz 1 EStG mindestens vier Monate im Veranlagungszeitraum gleichzeitig bestanden haben.

Beispiele:

A. Die Ehegatten haben am 31. August 1941 geheiratet. Sie werden für 1941 zusammen veranlagt. Die Einkünfte, die beide Ehegatten während des ganzen Kalenderjahres 1941 bezogen haben, sind vorbehaltlich der Ausführungen im Absatz 2 zusammenzurechnen

B. Der Ehemann ist am 30. Juni gestorben. Die Ehegatten werden für 1941 zusammen veranlagt. Die Einkünfte, die der Ehemann bis 30. Juni 1941 bezogen hat, und die Einkünfte, die die Ehefrau während des ganzen Kalenderjahres 1941 bezogen hat, sind vorbehaltlich der Ausführungen im Absatz 2 zusammenzurechnen.

C. Die Ehe ist am 1. April 1941 geschieden worden, oder die Ehegatten leben seit dem Zeitpunkt dauernd getrennt. Die Ehegatten werden für 1941 nicht zusammen veranlagt.

(2) Bei der Zusammenveranlagung sind die Einkünfte der Ehegatten zusammenzurechnen (§ 26 Absatz 2 EStG). Das gilt aber nicht für die Einkünfte der Ehefrau aus nichtselbständiger Arbeit, die sie in einem dem Ehemann fremden Betrieb bezogen hat. Hinweis auf § 19 Absatz 1 EStDV 1941.

(3) Die Ehefrau wird selbständig veranlagt, wenn ihre Einkünfte aus nichtselbständiger Arbeit im Veranlagungszeitraum zu einem Einkommen von mehr als 8000 RM geführt haben. Hinweis auf § 46 Absatz 1 Ziffer 1 EStG. Als Sonderausgaben kommen bei der Veranlagung der Ehefrau nur die Beträge in Betracht, die nicht schon bei der Veranlagung des Ehemanns abgezogen werden dürfen. Hinweis auf Abschnitt 53 Absatz 2. Es ist jedoch mindestens ein Pauschbetrag von 200 RM abzuziehen. Wegen der Verpflichtung der Ehefrau zur Abgabe einer Steuererklärung Hinweis auf Abschnitt 113.

(4) Heiratet eine minderjährige Tochter im Veranlagungszeitraum nach dem 30. April, aber vor dem 1. September, so können in diesem Veranlagungszeitraum die Voraussetzungen für ihre Zusammenveranlagung mit ihrem bisherigen Haushaltsvorstand (Vater oder Mutter) § 27 EStG gemäß und die Voraussetzungen für ihre Zusammenveranlagung mit ihrem Ehemann § 26 EStG gemäß erfüllt sein. In dem Fall findet nur eine Zusammenveranlagung der Tochter mit ihrem Ehemann statt. Hinweis auf § 19 Absatz 2 EStDV 1941.

Beispiel:

Eine 20 Jahre alte Tochter hat am 1. Juni 1941 geheiratet. Sie hat bis zu diesem Zeitpunkt zum Haushalt ihres Vaters gehört. Es sind sowohl die Voraussetzungen für eine Zusammenveranlagung der Tochter mit ihrem Vater als auch die Voraussetzungen für ihre Zusammenveranlagung mit dem Ehemann erfüllt. Die Tochter wird § 19 Absatz 2 EStDV 1941 gemäß nur mit ihrem Ehemann zusammen veranlagt.

(5) Die Regelung im § 19 Absatz 2 EStDV 1941 gilt auch für das Jahr, in dem die minderjährige Ehefrau sich von ihrem Ehemann dauernd trennt, oder in dem ihre Ehe infolge Scheidung oder Tod des Ehemanns aufgelöst wird.

Beispiel:

Der Ehemann einer 20 Jahre alten Ehefrau ist am 30. Juni 1941 gestorben. Kinder sind aus der Ehe nicht hervorgegangen. Die Ehefrau hat bis zum Tode ihres Ehemanns nicht dauernd von ihm getrennt gelebt. Sie kehrt nach dem Tode ihres Ehemanns in den Haushalt ihres Vaters zurück.

Die Ehefrau ist für 1941 nur mit ihrem verstorbenen Ehemann zusammen zu veranlagen. Wegen der Zusammenrechnung der Einkünfte Hinweis auf das Beispiel B im Absatz 1.

EStR 1943

50. Ausscheidung der Einkünfte der Ehefrau aus nichtselbständiger Arbeit bei der Haushaltsbesteuerung der Ehegatten

(1) Bei der Zusammenveranlagung der Ehegatten sind ihre Einkünfte zusammenzurechnen. Hinweis auf § 26 Absatz 2 EStG. Dieser Grundsatz wird durch § 19 Absatz 1 EStDV 1941 insoweit durchbrochen, als es sich um die Einkünfte der Ehefrau aus nichtselbständiger Arbeit handelt, die sie aus einem dem Ehemann fremden Betrieb (Hinweis auf Absatz 2) bezieht. Solche Einkünfte sind den Einkünften des Ehemanns nicht hinzuzurechnen. Es muß sich aber bei den bezeichneten Einkünften der Ehefrau um Einkünfte aus nichtselbständiger Arbeit auf Grund eines gegenwärtigen Arbeitsverhältnisses handeln. Einkünfte der Ehefrau aus nichtselbständiger Arbeit aus einem früheren Arbeitsverhältnis scheiden bei der Zusammenrechnung der Einkünfte der Ehegatten § 26 Absatz 2 EStG gemäß nicht aus. Hinweis auf meinen Erlaß vom 29. Mai 1942 (Reichssteuerbl. 1942 S. 569 Nr. 432).

(2) Ein dem Ehemann fremder Betrieb im Sinn des § 19 Absatz 1 EStDV 1941 ist ein Betrieb, der dem Ehemann oder einer Person, die mit dem Ehemann § 26 oder § 27 EStG gemäß zusammenveranlagt wird, weder ganz noch

zum — wenn auch geringen — Teil gehört und dessen Ertrag ihm oder dieser Person weder ganz noch zum Teil zufließt. Eine Personengesellschaft, deren Mitunternehmer der Ehemann oder eine mit ihm zusammenveranlagte Person ist, ist in keinem Fall ein dem Ehemann fremder Betrieb. Ist die Ehefrau als Angestellte (z. B. als Geschäftsführerin, Prokuristin oder Sekretärin) bei einer Kapitalgesellschaft (z. B. einer GmbH oder einer AG) beschäftigt und ist ihr Ehemann oder eine mit ihm zusammenveranlagte Person an der Kapitalgesellschaft beteiligt, so sind die Einkünfte der Ehefrau nicht als Einkünfte aus nichtselbständiger Arbeit in einem dem Ehemann fremden Betrieb anzusehen. Voraussetzung ist, daß der Ehemann und die mit ihm zusammenveranlagten Personen an der Kapitalgesellschaft mindestens zu 25 vom Hundert beteiligt sind.

(3) § 19 Absatz 1 EStDV 1941 bezieht sich nur auf diejenigen Einkünfte der Ehefrau aus nichtselbständiger Arbeit in einem dem Ehemann fremden Betrieb, die auf die Zeit nach ihrer Verheiratung entfallen. Die Einkünfte aus nichtselbständiger Arbeit, die die Ehefrau im Kalenderjahr ihrer Verheiratung vor der Verheiratung bezogen hat, sind § 26 Absatz 2 EStG gemäß mit den Einkünften des Ehemanns zusammenzurechnen, wenn die Ehegatten für dieses Kalenderjahr § 26 Absatz 1 EStG gemäß zusammen zu veranlagen sind.

§ 27. Haushaltsbesteuerung: Kinder.

(1) Der Haushaltsvorstand und seine minderjährigen Kinder und anderen minderjährigen Angehörigen im Sinn von § 10 Ziffern 3 bis 6 des Steueranpassungsgesetzes, die zu seinem Haushalt gehören und für die ihm Kinderermäßigung nach § 32 zusteht, werden zusammen veranlagt, solange er und die Kinder oder anderen Angehörigen unbeschränkt steuerpflichtig sind.

(2) Bei der Zusammenveranlagung sind die Einkünfte des Haushaltsvorstandes, der Kinder und der anderen Angehörigen zusammenzurechnen.

(3) Einkünfte aus nichtselbständiger Arbeit (§ 2 Absatz 3 Ziffer 4), die Kinder oder andere Angehörige aus einem dem Haushaltsvorstand fremden Betrieb beziehen, scheiden bei der Zusammenveranlagung aus.

§ 32 Absatz 2 Ziffer 2 ist durch Artikel II des Gesetzes Nr. 12 geändert worden. Näheres siehe unter § 32.

EStDV 1941

Zu § 27 des Gesetzes

§ 20

Haushaltsbesteuerung mit Bezug auf die Kinder

Liegen bei einem minderjährigen Steuerpflichtigen während eines Teils des Veranlagungszeitraums die Voraussetzungen für seine Zusammenveranlagung mit seinen minderjährigen Kindern und anderen minderjährigen Angehörigen (§ 32 Absatz 5 Ziffer 4 des Gesetzes) § 27 des Gesetzes gemäß und während des anderen Teils des Veranlagungszeitraums die Voraussetzungen für seine Zusammenveranlagung mit einem anderen Haushaltsvorstand § 27 des Gesetzes gemäß vor, so wird der Steuerpflichtige nur mit seinen Kindern und anderen Angehörigen zusammen veranlagt.

EStR 1941

117. Haushaltsbesteuerung mit Bezug auf die Kinder

(1) Der Haushaltsvorstand, seine Kinder, seine anderen Angehörigen und die Angehörigen der mit ihm zusammen veranlagten Ehefrau werden § 27 Absatz 1 EStG gemäß zusammen veranlagt, wenn die folgenden Voraussetzungen mindestens vier Monate im Veranlagungszeitraum gleichzeitig erfüllt sind:

a) Die Kinder und die anderen Angehörigen müssen minderjährig gewesen sein.

b) Die Kinder und die anderen Angehörigen müssen zum Haushalt des Steuerpflichtigen gehört haben.

c) Der Haushaltsvorstand, seine Kinder und die anderen Angehörigen müssen unbeschränkt steuerpflichtig gewesen sein.

(2) Der Haushaltsvorstand und seine minderjährigen Kinder und anderen minderjährigen Angehörigen werden entweder für den ganzen Veranlagungszeitraum oder überhaupt nicht zusammen veranlagt. Entscheidend ist, ob die Voraussetzungen des Absatzes 1 mindestens vier Monate im Veranlagungszeitraum gleichzeitig bestanden haben.

Beispiele:

A. Ein minderjähriges Kind, das zum Haushalt des Steuerpflichtigen gehört, ist am 30. Juni 1941 volljährig geworden. Das Kind wird mit dem Haushaltsvorstand für 1941 zusammen veranlagt. Die Einkünfte, die der Haushaltsvorstand und das Kind während des ganzen Kalenderjahrs 1941 bezogen haben, sind zusammenzurechnen mit Ausnahme der Einkünfte aus nichtselbständiger Arbeit, die das Kind in einem dem Haushaltsvorstand fremden Betrieb bezogen hat.

B. Ein minderjähriges Kind, das zum Haushalt des Steuerpflichtigen gehört, ist vor dem 1. Mai 1941 volljährig geworden. Der Haushaltsvorstand und das Kind werden für 1941 nicht zusammen veranlagt.

(3) Wegen der Zusammenrechnung der Einkünfte und wegen der selbständigen Veranlagung der Kinder und anderen Angehörigen Hinweis auf § 27 Absätze 2 und 3 EStG. Die Ausführungen im Abschnitt 116 Absätze 2 und 3 gelten hier entsprechend.

(4) Eine minderjährige Ehefrau gehört ab dem Zeitpunkt ihrer Verheiratung zum Haushalt ihres Ehemanns, solange sie von ihm nicht dauernd getrennt lebt. Hinweis auf § 21 Absatz 2 EStDV 1941. Eine Zusammenveranlagung der Ehefrau mit dem Steuerpflichtigen, zu dessen Wohngemeinschaft sie nach ihrer Verheiratung allein oder zusammen mit ihrem Ehemann gehört, kommt nicht oder nicht mehr in Betracht.

Beispiel:

Die verheiratete minderjährige Tochter, die von ihrem Ehemann nicht dauernd getrennt lebt, teilt die Wohnung ihres Vaters. Sie ist nicht mit dem Vater, sondern mit ihrem Ehemann zusammen zu veranlagen.

Eine Zusammenveranlagung der Ehegatten scheidet nur dann aus, wenn die im § 26 Absatz 1 EStG bezeichneten Voraussetzungen nicht gegeben sind, z. B. wenn die Ehegatten dauernd getrennt leben. In Fällen dieser Art werden die verheirateten minderjährigen Kinder und die anderen verheirateten minderjährigen Angehörigen mit dem Steuerpflichtigen, zu dessen Haushalt sie gehören, zusammen veranlagt.

(5) Es kommt vor, daß ein Steuerpflichtiger (A) mit seinen minderjährigen Kindern und anderen minderjährigen Angehörigen zur Wohngemeinschaft eines anderen Haushalts (des Steuerpflichtigen B) gehört. Die minderjährigen Kinder und anderen minderjährigen Angehörigen werden nur mit dem Steuerpflichtigen A zusammen veranlagt.

Beispiele:

A. Die minderjährige Tochter teilt mit ihrem unehelichen Kind während des ganzen Veranlagungszeitraums die Wohnung ihres Vaters. Sie wird mit ihrem Kind zusammen veranlagt. Eine Zusammenveranlagung des Vaters mit seiner Tochter oder mit seinem Enkelkind kommt nicht in Betracht.

B. Der 30 Jahre alte verheiratete Sohn gehört mit seinen minderjährigen Kindern zur Wohngemeinschaft seines Vaters. Die Kinder werden nicht mit ihrem Großvater, sondern mit ihrem Vater zusammen veranlagt.

(6) Es kommt vor, daß bei einem minderjährigen Steuerpflichtigen in einem Veranlagungszeitraum die Voraussetzungen für seine Zusammenveranlagung mit seinen minderjährigen Kindern und anderen minderjährigen Angehörigen (§ 27 EStG gemäß) und die Voraussetzungen für seine Zusammenveranlagung mit einem anderen Haushaltsvorstand (§ 27 EStG gemäß) vorliegen. In dem Fall findet nur eine Zusammenveranlagung des minderjährigen Steuerpflichtigen mit seinen Kindern und anderen Angehörigen statt. Hinweis auf § 20 EStDV 1941.

Beispiel:

Die unverheiratete minderjährige Tochter, die im Haushalt ihres Vaters lebt, hat ein uneheliches Kind. Das Kind ist am 1. August 1941 geboren worden. Die Tochter teilt mit ihrem Kind auch nach dem 1. August 1941 die Wohnung ihres Vaters.

Es sind sowohl die Voraussetzungen für eine Zusammenveranlagung der Tochter mit ihrem Vater als auch die Voraussetzungen für eine Zusammenveranlagung mit ihrem Kind erfüllt. Die Tochter wird § 20 EStDV 1941 gemäß nur mit ihrem Kind zusammen veranlagt.

(7) Die Regelung im § 20 EStDV 1941 gilt auch für das Jahr, in dem die Voraussetzungen für die Zusammenveranlagung des Steuerpflichtigen mit seinen minderjährigen Kindern und anderen minderjährigen Angehörigen wegfallen.

Beispiel:

Das uneheliche Kind einer 20 Jahre alten Tochter, die mit ihrem Kind die Wohnung ihres Vaters teilt, ist am 30. Juni 1941 gestorben.

Die Tochter ist für den Veranlagungszeitraum 1941 nur mit ihrem verstorbenen Kind zusammen zu veranlagen.

EStR 1943

52. Ausscheidung der Einkünfte der Kinder und anderen Angehörigen aus nichtselbständiger Arbeit bei der Haushaltsbesteuerung

(1) Wegen der Frage, wann ein dem Haushaltsvorstand fremder Betrieb im Sinn des § 27 Absatz 3 EStG vorliegt, Hinweis auf die Ausführungen im Abschnitt 50 Absatz 2 EStER 1943, die hier entsprechend gelten.

§ 28. Besteuerung bei fortgesetzter Gütergemeinschaft.

Bei fortgesetzter Gütergemeinschaft gelten Einkünfte, die in das Gesamtgut fallen, als Einkünfte des überlebenden Ehegatten, wenn dieser unbeschränkt steuerpflichtig ist.

Durch die Vereinbarung der allgemeinen Gütergemeinschaft wird das Vermögen des Mannes und das der Frau gemeinschaftliches Vermögen beider Ehegatten, sogenanntes Gesamtgut (§ 1438 BGB). Sind beim Tode eines Ehegatten gemeinschaftliche Abkömmlinge vorhanden, so wird zwischen den überlebenden Ehegatten und den gemeinschaftlichen Abkömmlingen, die im Falle der gesetzlichen Erbfolge als Erben berufen sind, die Gütergemeinschaft fortgesetzt (§ 1483 BGB). Die Einkünfte aus dem Gesamtgut werden nun nicht auf die einzelnen Partner der fortgesetzten Gütergemeinschaft verteilt, sondern gelten als Einkünfte des überlebenden Ehegatten, wenn dieser unbeschränkt steuerpflichtig ist.

§ 29. Durchschnittssätze.

(1) Durchschnittssätze können aufgestellt werden

1. für die Ermittlung des Gewinns aus Land- und Forstwirtschaft, aus Gewerbebetrieb oder aus selbständiger Arbeit,
2. für die Ermittlung des Ueberschusses der Einnahmen über die Werbungskosten bei Vermietung und Verpachtung.

(2) Die aufgestellten Durchschnittssätze sind zugrunde zu legen

1. der Gewinnermittlung, wenn
   a) der Umsatz die bestimmte Grenze nicht übersteigt und
   b) ordnungsmäßige Bücher nicht geführt werden oder die Bücher sachliche Unrichtigkeit vermuten lassen,
2. der Ermittlung der Einkünfte aus Vermietung und Verpachtung, wenn die Werbungskosten nicht ordnungsmäßig aufgezeichnet werden oder die Aufzeichnungen sachliche Unrichtigkeit vermuten lassen.

(3) Der Nutzungswert der Wohnung im eigenen Haus kann in einem Hundertsatz des zuletzt festgestellten Einheitswerts des Grundstücks bemessen werden.

(4) Der Steuerpflichtige kann nicht einwenden, daß die Durchschnittssätze zu hoch festgesetzt seien.

Hinsichtlich der Durchschnittssätze für die Ermittlung des Gewinns aus Land- und Forstwirtschaft wird auf die im Anhang abgedruckte Verordnung vom 31. Dezember 1936 und hinsichtlich der Bemessung des Nutzungswertes der Wohnung im eigenen Einfamilienhaus auf die ebenfalls im Anhang abgedruckte Verordnung vom 26. Januar 1937 verwiesen.

§ 30. Besteuerung bei Auslandsbeziehungen.

Der Oberfinanzpräsident kann bei Einkünften aus Land- und Forstwirtschaft, aus Gewerbebetrieb oder aus selbständiger Arbeit ohne Rücksicht auf das ausgewiesene Ergebnis die Einkommensteuer in einem Pauschbetrag festsetzen, wenn besondere unmittelbare oder mittelbare wirtschaftliche Beziehungen des Betriebs zu einer Person, die im Inland entweder nicht oder nur beschränkt steuerpflichtig ist, eine Gewinnminderung ermöglichen. Der Oberfinanzpräsident entscheidet nach seinem Ermessen.

§ 31. Pauschbesteuerung.

Der Reichsminister der Finanzen kann

1. die Einkommensteuer bei Personen, die durch Zuzug aus dem Ausland unbeschränkt steuerpflichtig werden, bis zur Dauer von zehn Jahren seit Begründung der unbeschränkten Steuerpflicht in einem Pauschbetrag festsetzen,
2. die Besteuerung der Auslandsbeamten abweichend von den allgemeinen Vorschriften regeln.

Wer an Stelle des Reichsministers der Finanzen in Zukunft zuständig ist, Richtlinien für Pauschbesteuerung herauszugeben, ist bisher vom Kontrollrat noch nicht bekanntgegeben worden.

IV. Tarif

§ 32. Steuerklassen.

1. Für die Errechnung der Einkommensteuer werden die Steuerpflichtigen in folgende Steuerklassen eingeteilt:

   a) Steuerklasse I

   Steuerklasse I umfaßt diejenigen Personen, die zu Beginn des Steuerjahres nicht verheiratet waren, und diejenigen, die in diesem Jahre nicht mindestens vier Monate verheiratet waren. Personen, die unter die unten aufgezählten Steuerklassen fallen, gehören nicht zur Steuerklasse I.

b) Steuerklasse II

Zur Steuerklasse II gehören folgende Personen, soweit sie nicht in der dritten Gruppe inbegriffen sind:

I. Personen, die zu Beginn des Steuerjahres oder mehr als vier Monate in diesem Jahre verheiratet waren sowie

II. unverheiratete Personen, die mindestens vier Monate vor Ablauf des Steuerjahres das 65. Lebensjahr erreicht haben.

c) Steuerklasse III

I. Steuerklasse III umfaßt diejenigen Personen, denen Kinderermäßigung zusteht (wie in Absatz II erläutert) oder denen diese Ermäßigung auf Antrag gewährt wird (wie in Absatz III erläutert).

II. Der Steuerpflichtige hat Anrecht auf Kinderermäßigung — für den Begriff „Kinder" ist die bestehende deutsche Gesetzgebung maßgebend —, falls die beiden folgenden Bedingungen erfüllt sind:

1. Die Kinder müssen mindestens vier Monate im Steuerjahr zu dem Haushalt des Steuerpflichtigen gehört haben oder in diesem Jahr hauptsächlich auf seine Kosten unterhalten und erzogen worden sein. Im letzteren Falle muß der Steuerpflichtige die Kosten für ihren Unterhalt und ihre Erziehung mindestens vier Monate getragen haben.

2. Die Kinder dürfen während dieses Zeitraums das 16. Lebensjahr nicht vollendet haben.

III. Auf Antrag wird dem Steuerpflichtigen eine Kinderermäßigung gewährt, wenn Kinder, die das 16. Lebensjahr erreicht haben, die beiden folgenden Bedingungen erfüllen:

1. Die Kinder müssen im Steuerjahre mindestens vier Monate eine von dem Kontrollrat oder den zuständigen Zonenbefehlshaber genehmigte Unterrichtsanstalt besucht haben und während dieser Zeit hauptsächlich auf Kosten des Steuerpflichtigen unterhalten worden sein.

2. Die Kinder dürfen während des Steuerjahres das 21. Lebensjahr nicht vollendet haben.

Durch Artikel II des Gesetzes vom 11. Februar 1946 ist der bisherige § 32 EStG fortgefallen. Die vorstehenden Bestimmungen sind an seine Stelle getreten. § 32 in seiner bisherigen Fassung teilte die Steuerpflichtigen in vier Steuergruppen ein, jetzt werden sie nur mehr in drei Steuerklassen eingeteilt. Die Kinderermäßigung fällt nunmehr auch in jedem Falle fort, wenn die Kinder während des Steuerjahres das 21. Lebensjahr vollendet haben.

EStDV 1941

Zu § 32 des Gesetzes

§ 21

Haushaltszugehörigkeit

(1) Ein minderjähriges Kind gehört zum Haushalt des Steuerpflichtigen (Haushaltsvorstand), wenn das Kind unter Leitung des Steuerpflichtigen dessen Wohnung teilt oder sich mit seiner Einwilligung außerhalb der Wohnung zu anderen als Erwerbszwecken aufhält.

(2) Durch eine Verheiratung entsteht in jedem Fall ein neuer Haushalt, auch wenn die Verheirateten zur Wohn-

gemeinschaft eines anderen Haushalts gehören. Eine Ehefrau gehört demgemäß in jedem Fall zum Haushalt ihres Ehemanns, solange sie von ihm nicht dauernd getrennt lebt. Das gilt auch, wenn die Ehefrau minderjährig ist und allein oder zusammen mit ihrem Ehemann zur Wohngemeinschaft eines anderen Haushalts gehört.

Beispiel:

Eine minderjährige Tochter lebt im Haushalt ihres Vaters. Sie heiratet am 1. Februar 1942.

Die Tochter scheidet durch ihre Verheiratung zwangsläufig aus dem Haushalt ihres Vaters aus. Sie gehört ab 1. Februar 1942 steuerlich zum Haushalt ihres Ehemanns. Das gilt auch, wenn die Tochter nach ihrer Verheiratung wie bisher zur Wohngemeinschaft ihres Vaters gehört, sei es allein oder zusammen mit ihrem Ehemann.

(3) Ein Steuerpflichtiger ist, solange er eigene Kinder hat, selbst als Haushaltsvorstand zu betrachten, auch wenn er minderjährig ist und allein oder zusammen mit seinen Kindern zur Wohngemeinschaft eines anderen Haushalts gehört.

Beispiel:

Eine unverheiratete minderjährige Tochter, die im Haushalt ihres Vaters lebt, hat ein uneheliches Kind. Das Kind ist am 1. August 1941 geboren worden. Die Tochter teilt mit ihrem Kind auch nach dem 1. August 1941 die Wohnung ihres Vaters. Sie gehört jedoch ab 1. August 1941 nicht mehr zum Haushalt ihres Vaters. Sie ist wegen ihres Kindes selbst als Haushaltsvorstand zu betrachten.

(5) Die Zugehörigkeit minderjähriger Kinder zum Haushalt des Steuerpflichtigen (Haushaltsvorstands) wird nicht dadurch beeinträchtigt, daß der Steuerpflichtige (Haushaltsvorstand) mit seinen minderjährigen Kindern zur Wohngemeinschaft eines anderen Haushalts gehört

EStR 1943

57. Begriff „Kinder"

(3) Ein Pflegekindschaftsverhältnis liegt nur vor, wenn das Pflegekind im Haushalt der Pflegeeltern seine Heimat hat und wenn zwischen den Pflegeeltern und dem Pflegekind ein familienartiges, auf die Dauer berechnetes Band besteht. Das ist zum Beispiel bei einem unehelichen Kind anzunehmen, wenn die Beziehungen des Kindes zu der Kindesmutter vollständig gelöst sind und die Pflegeeltern das Kind wie ein eigenes Kind halten. Ein Pflegekind-

schaftsverhältnis wird nicht dadurch ausgeschlossen, daß die Kindesmutter oder der Kindesvater zum Unterhalt des Kindes beiträgt. Auch ein vom Jugendamt zugewiesenes Kind kann Pflegekind sein, wenn die Pflegeeltern das Kind dauernd bei sich behalten und für das Kind wie für ein eigenes Kind sorgen. Das gilt auch dann, wenn das Jugendamt für das Kind Pflegegeld zahlt und andere Leistungen übernimmt, wie zum Beispiel die Beschaffung von Kleidung, Uebernahme von Arztkosten, Vermittlung einer Lehrstelle usw. Die Pflegeeltern müssen aber in jedem Fall einen Teil der Kosten für die Erziehung des Kindes selbst tragen. Ein Kind, das von dem Haushaltsvorstand nur des Erwerbs wegen in den Haushalt aufgenommen wird oder das der Haushaltsvorstand bei Wegfall von Unterhaltsgeldern usw. nicht mehr bei sich behalten würde, ist nicht Pflegekind, sondern Kostkind. Für ein solches kommt Kinderermäßigung nicht in Betracht.

(4) Die Annahme an Kindes Statt setzt einen gerichtlich bestätigten Annahmevertrag voraus (§ 1741 BGB). Ein Kind wird deshalb auch steuerlich noch nicht ab dem Zeitpunkt des Abschlusses des Annahmevertrags, sondern erst nach der gerichtlichen Bestätigung des Annahmevertrags als Adoptivkind behandelt. Hinweis auf das RFH-Urteil vom 26. Mai 1943 (Reichssteuerbl. 1943 S. 557 Nr. 531).

(5) Als Stiefkind im Sinn des § 32 EStG werden nur eheliche Stiefkinder berücksichtigt. Hinweis auf das RFH-Urteil vom 22. April 1942 (Reichssteuerbl. 1942 S. 723 Nr. 558).

Artikel II. Einkommensteuer.

Allgemeine Erhöhung der Steuersätze.

1. Die am 8. Mai 1945 gültigen Sätze für die Einkommensteuer werden nach den folgenden allgemeinen Grundsätzen erhöht:

a) Für Steuerklasse I werden die Sätze für die Einkommensteuer wie folgt erhöht:

I. um 25 v. H. für Gehälter, Löhne und Einkünfte aus freien Berufen,

II. um 35 v. H. für alle anderen Einkunftsarten.

b) Auf die Steuerklassen II und III finden die in Absatz a vorgesehenen Erhöhungen Anwendung mit folgenden Ausnahmen:

1. 600 RM des jährlichen Einkommens aller Steuerpflichtigen der Klassen II und III bleiben einkommensteuerfrei.

Für jedes Kind, für das dem Steuerpflichtigen gemäß Artikel II eine Steuerermäßigung zusteht, bleiben weitere 400 RM seines jährlichen Einkommens steuerfrei, wenn er der Steuerklasse III angehört.

c) Falls sich die gemäß den Bestimmungen des Absatzes b erfolgte Aenderung der bisherigen Gesetzgebung in einer Herabsetzung statt Erhöhung der Steuerschuld des Steuerpflichtigen auswirkt, ist die Steuerschuld grundsätzlich so zu errechnen, daß zunächst der Betrag festgestellt wird, der zu erheben gewesen wäre, wenn die Bestimmungen dieses Gesetzes (mit Ausnahme von Artikel I) nicht erlassen worden wären; dazu wird dann unter Beachtung der Bestimmungen in Absatz a ein Zuschlag von 25 v. H. oder 35 v. H. hinzugefügt.

2. Diese allgemeinen Grundsätze finden auf die Festsetzung der Lohnsteuer Anwendung.

3. Ueber die praktische Anwendung dieser allgemeinen Grundsätze geben die als Anlagen A und B beigefügten Tabellen zu diesem Gesetz Aufschluß. Diese Anlagen treten an die Stelle

der Tabellen in den Anlagen 1 und 2 zum Einkommensteuergesetz.

Durch Artikel III des Gesetzes Nr. 12 sind die bisher gültigen Sätze für die Einkommensteuer, d. h. die Steuersätze der Einkommensteuertabelle einschließlich Kriegszuschlag zur Einkommensteuer, wie sie am 8. Mai 1945 gültig waren, allgemein erhöht worden, und zwar um 25 v. H. für Gehälter, Löhne und Einkünfte aus freien Berufen, um 35 v. H. für alle anderen Einkunftsarten.

Sollte in dem einen oder anderen Falle die durch Artikel III des Gesetzes Nr. 12 eingeführte Erhöhung der Steuersätze gegenüber den bisher gültigen Sätzen zu einer Herabsetzung statt zu einer Erhöhung führen, so ist die Steuerschuld grundsätzlich nach dem bisherigen Einkommensteuertarif zu errechnen, wozu dann ein Zuschlag von 25 bzw. 35 v. H. hinzuzurechnen ist.

§ 33. Außergewöhnliche Belastungen.

Bei der Veranlagung werden auf Antrag außergewöhnliche Belastungen, die dem Steuerpflichtigen zwangsläufig erwachsen und seine steuerliche Leistungsfähigkeit wesentlich beeinträchtigen, durch Ermäßigung der Einkommensteuer berücksichtigt.

EStDV 1941

Zu § 33 des Gesetzes

§ 22

Außergewöhnliche Belastungen

(1) Eine außergewöhnliche Belastung, die zu einer Ermäßigung der Einkommensteuer führt, liegt vor, wenn einem Steuerpflichtigen zwangsläufig (Absatz 2) größere Aufwendungen als der Mehrzahl der Steuerpflichtigen gleicher Einkommensverhältnisse, gleicher Vermögensverhältnisse und gleichen Familienstands entstehen und diese Aufwendungen die steuerliche Leistungsfähigkeit des Steuerpflichtigen wesentlich beeinträchtigen (Absatz 3). Aufwendungen, die zu den Betriebsausgaben, Werbungskosten oder Sonderausgaben gehören, bleiben dabei außer Betracht.

(2) Die Belastung erwächst dem Steuerpflichtigen zwangsläufig, wenn er sich ihr aus tatsächlichen, rechtlichen oder sittlichen Gründen nicht entziehen kann.

(3) Die Aufwendungen beeinträchtigen die Leistungsfähigkeit des Steuerpflichtigen nur insoweit wesentlich, als sie die in der folgenden Uebersicht bezeichneten Hundertsätze des Einkommens (gewöhnliche Belastung) übersteigen:

bei einem Einkommen von RM	bei einem Steuerpflichtigen der			
	Steuergruppe I	Steuergruppe II oder III	Steuergruppe IV bei Kinderermäßigung für 1 oder 2 Personen	Steuergruppe IV bei Kinderermäßigung für 3 oder mehr Personen
höchstens 3 000	6	5	3	1
mehr als 3 000 bis 6 000	7	6	4	2
„ „ 6 000 „ 12 000	8	7	5	3
„ „ 12 000 „ 25 000	9	8	6	4
„ „ 25 000 „ 50 000	10	9	7	5
„ „ 50 000	11	10	8	6

(4) Sind die Voraussetzungen der Absätze 1 bis 3 gegeben, so wird der Betrag, der den nach Absatz 3 sich ergebenden Hundertsatz übersteigt, als außergewöhnliche Belastung für die Berechnung der Einkommensteuer vom Einkommen abgezogen.

Anmerkung: Da auf Grund des Gesetzes Nr. 12 die Steuerpflichtigen in drei Steuerklassen eingeteilt sind, kann die vorstehende Uebersicht nur mehr als Anhaltspunkt für die Steuerermäßigung dienen.

EStR 1941

127. Außergewöhnliche Belastungen im allgemeinen

(1) Zweck der Vorschrift im § 33 EStG ist, der steuerlichen Gleichmäßigkeit und der sozialen Gerechtigkeit zu dienen und Härten zu beseitigen oder zu mildern, die sich durch außergewöhnliche Belastungen im Sinn des § 22 EStDV 1941 im Einzelfall ergeben können.

Beispiel:
Außergewöhnliche Aufwendungen, die dem Steuerpflichtigen durch Krankheit, Unfall, Tod, durch Unterhaltsgewährung für mittellose An-

gehörige oder an geschiedene Frauen oder durch Tilgung von Schulden entstanden sind.

(2) Beantragt der Steuerpflichtige eine Steuerermäßigung für Aufwendungen, die ihm oder seiner Ehefrau durch den Unterhalt von Kindern oder von anderen Angehörigen erwachsen, so sind die folgenden beiden Fälle zu unterscheiden:

a) Der Steuerpflichtige erhält für das Kind oder für den anderen Angehörigen wegen Haushaltszugehörigkeit oder wegen Uebernahme der Kosten des Unterhalts und der Erziehung oder Berufsausbildung Kinderermäßigung. Durch die Kinderermäßigung werden die Aufwendungen des Steuerpflichtigen für das Kind oder für den anderen Angehörigen in der Regel ausreichend berücksichtigt. Eine außergewöhnliche Belastung kommt nur in Betracht, wenn der Steuerpflichtige für das Kind oder für den anderen Angehörigen größere Aufwendungen machen muß als die Mehrzahl der Steuerpflichtigen, die den gleichen Familienstand haben und in den gleichen Einkommensverhältnissen und gleichen Vermögensverhältnissen leben.

Beispiel:

Das Kind ist in einer Blindenanstalt oder in einer Taubstummenanstalt untergebracht.

Die Aufwendungen für das Kind kommen als außergewöhnliche Belastung in Betracht, soweit sie die Hundertsätze des § 22 Absatz 3 EStDV 1941 übersteigen.

b) Der Steuerpflichtige erhält für das Kind oder für den anderen Angehörigen keine Kinderermäßigung. Die Aufwendungen für den Unterhalt des Kindes oder des anderen Angehörigen sind in der Regel als außergewöhnliche Belastung anzuerkennen, soweit sie die Hundertsätze des § 22 Absatz 3 EStDV 1941 übersteigen.

Beispiel:

Der Steuerpflichtige unterhält seinen 26 Jahre alten Sohn, der infolge eines Unfalls seine Stellung verloren hat und ohne Einkommen ist.

Die Aufwendungen für den Unterhalt des Sohnes sind für den Vater eine außergewöhnliche Belastung, soweit sie die Hundertsätze des § 22 Absatz 3 EStDV 1941 übersteigen.

(3) Aufwendungen für den Unterhalt von Kindern und von anderen Angehörigen (Absatz 2 Ziffern 1 und 2) können zu einer Steuerermäßigung nur führen, wenn und

soweit sie zwangsläufig erwachsen (§ 22 Absatz 2 EStDV 1941).

Das erfordert:

a) Der Unterhaltsempfänger muß die Quellen, die ihm für seinen Unterhalt zur Verfügung stehen, ausgeschöpft haben. Vermögen des Unterhaltsempfängers ist dabei nicht zu berücksichtigen, soweit es sich handelt um

1. Vermögensgegenstände, deren Veräußerung offensichtlich eine Verschleuderung von Besitz bedeuten würde.
2. Vermögensgegenstände, die einen besonderen persönlichen Wert für den Besitzer haben (z. B. Erinnerungswert) oder zu seinem Hausrat gehören,
3. eine Vermögensrücklage für etwaige Notfälle, die sich in angemessenen Grenzen hält (Hinweis auf das RFH-Urteil vom 25. November 1936, Reichssteuerbl. 1937 S. 666).

Wegen der Berücksichtigung des Vermögens des Unterhaltsleistenden Hinweis auf Absatz 5.

b) Der Unterhalt darf einen angemessenen Betrag nicht übersteigen. Das bürgerliche Recht bestimmt das Maß des zu gewährenden Unterhalts nach der Lebensstellung des Unterhaltsberechtigten, auch wenn diese höher ist als die Lebensstellung des Unterhaltsleistenden (1610 BGB). Das gilt nicht ohne weiteres bei Anwendung des § 33 EStG.

Beispiele:

A. Eine ledige Steuerpflichtige mit einem Einkommen von 2400 RM unterstützt ihre verwitwete und mittellose Mutter mit 600 RM jährlich. Die Aufwendungen übersteigen das angemessene Maß nicht.

Die Aufwendungen sind, gekürzt um die gewöhnliche Belastung von (6 v. H. von 2400 RM =) 144 RM, mithin in Höhe von (600 RM abzüglich 144 RM =) 456 RM als außergewöhnliche Belastung vom Einkommen abzuziehen.

B. Ein lediger Steuerpflichtiger mit einem Einkommen von 10 000 RM unterstützt seinen verwitweten und mittellosen Vater mit 400 RM monatlich. Aufwendungen in dieser Höhe übersteigen das angemessene Maß. Sie sind nur insoweit zu berücksichtigen,

a) als sie unter Berücksichtigung der besonderen Umstände des Einzelfalls als angemessen angesehen werden können und
b) als der angemessene Betrag (Buchstabe a) die gewöhnliche Belastung (§ 22 Absatz 3 EStDV 1941) übersteigt.

(4) Gewährt der Steuerpflichtige einem Kind oder einem anderen Angehörigen den vollen Unterhalt durch Aufnahme in den eigenen Haushalt und erhält er für diese Person keine Kinderermäßigung (Absatz 2 Ziffer 2), so können seine tatsächlichen Aufwendungen bis zu einem Höchstbetrag von 80 RM für jeden vollen Kalendermonat als angemessen angesehen werden. Es ist denkbar, daß ein kleinerer Betrag als 80 RM in Betracht kommt. Der Betrag ermäßigt sich um die eigenen Einkünfte des unterhaltenen Angehörigen. Haushaltshilfe, die der unterhaltene Angehörige dem Steuerpflichtigen etwa leistet, ist auf den Wert des Unterhalts nicht anzurechnen.

(5) Eine Steuerermäßigung ist nicht zu gewähren, wenn sie dem Zweck des Gesetzes widersprechen würde. § 33 EStG setzt voraus, daß das besteuerte Einkommen durch die Aufwendungen belastet ist. Es gibt aber Steuerpflichtige, denen neben dem besteuerten Einkommen andere Quellen zur Verfügung stehen, aus denen sie die Aufwendungen ohne Schwierigkeiten bestreiten können, z. B. Steuerpflichtige, die über erhebliches, leicht verwertbares Vermögen verfügen (Hinweis auf das RFH-Urteil vom 30. Juni 1937, Reichssteuerbl. 1937 S. 897) oder über erhebliche Eirkünfte, die der deutschen Besteuerung infolge von Doppelbesteuerungsabkommen nicht unterliegen. Das Finanzamt prüft in diesen Fällen nach pflichtgemäßem Ermessen, ob eine Steuerermäßigung § 33 EStG gemäß zu versagen ist, obwohl die Voraussetzungen des § 22 EStDV 1941 sämtlich erfüllt sind.

(6) Es darf bei der Anwendung des § 33 EStG (§ 22 EStDV 1941), insbesondere bei der Anforderung von Unterlagen und Nachweisungen, nicht kleinlich verfahren werden. Es muß im allgemeinen die Glaubhaftmachung genügen.

128. Außergewöhnliche Belastung durch die Beschäftigung einer Hausgehilfin

(1) Aufwendungen für eine Hausgehilfin können durch Gewährung einer Steuerermäßigung § 33 EStG gemäß berücksichtigt werden, wenn eine Hausgehilfin beschäftigt wird

a) von einem Steuerpflichtigen mit mindestens drei minderjährigen Kindern oder anderen minderjährigen

Angehörigen im Sinn des § 10 Ziffern 3 bis 6 StAnpG, die das vierzehnte Lebensjahr noch nicht vollendet haben, zum Haushalt des Steuerpflichtigen gehören und in seinem Haushalt leben,

b) von Land- und Forstwirten und Gewerbetreibenden, wenn zu ihrem Haushalt mindestens ein minderjähriges Kind oder ein anderer minderjähriger Angehöriger im Sinn des § 10 Ziffern 3 bis 6 StAnpG gehört und in ihrem Haushalt lebt, und wenn die Ehefrau überwiegend im Betrieb mitarbeitet,

c) von Kriegsbeschädigten und ihnen gleichgestellten Personen, deren Beschädigung eine wesentliche körperliche Behinderung zur Folge hat. Der Steuerpflichtige hat das Vorliegen einer wesentlichen körperlichen Behinderung darzulegen. Das ist nicht erforderlich, wenn die Erwerbsfähigkeit des Steuerpflichtigen um mindestens 45 v. H. gemindert ist.

d) von einem Steuerpflichtigen, der das 70. Lebensjahr vollendet hat oder körperlich hilflos ist. Bei Ehegatten genügt es, wenn einer von ihnen das 70. Lebensjahr vollendet hat oder körperlich hilflos ist.

Wenn es sich um diese Tatbestände handelt, gelten alle Voraussetzungen des § 33 EStG erfüllt. Die Finanzämter haben in diesen Fällen keine weitere Nachprüfung vorzunehmen.

(2) Die Steuerermäßigung kann nur für eine Hausgehilfin gewährt werden. Die Aufwendungen für die Hausgehilfin sind dabei mit 50 RM für jeden vollen Kalendermonat zu berücksichtigen, in dem die Voraussetzungen einer der Ziffern a bis d des Absatzes 1 erfüllt waren und die Hausgehilfin beim Steuerpflichtigen beschäftigt war.

Beispiel:

Ein Steuerpflichtiger mit drei Kindern im Alter von zwei bis sechs Jahren, die in seinem Haushalt leben (Hinweis auf Absatz 1 Ziffer 1), bezieht ein Einkommen von 5000 RM jährlich. Er hat während des ganzen Kalenderjahrs eine Hausgehilfin beschäftigt, der er neben freier Verpflegung und Wohnung im Monat 40 RM zahlt. Der Steuerpflichtige beantragt Steuerermäßigung für die Hausgehilfin.

Die Aufwendungen für die Hausgehilfin sind mit (12 × 50 RM =) 600 RM zu berücksichtigen. Sie sind vom Einkommen abzuziehen. Die Steuer ist wie folgt zu berechnen:

Einkommen	5 000 RM
davon ab die Aufwendungen für die Hausgehilfin mit	600 RM
	4 400 RM

(3) Macht der Steuerpflichtige Aufwendungen für eine Hausgehilfin, die zum Teil in seinem Haushalt und zum Teil in seinem Betrieb beschäftigt ist, als Betriebsausgaben geltend, so ist ihm eine Steuerermäßigung Absätzen 1 und 2 gemäß nicht zu gewähren.

(4) Die Fälle, in denen die Beschäftigung einer Hausgehilfin für sich allein eine außergewöhnliche Belastung darstellt, sind im Absatz 1 abschließend geregelt. Diese Regelung schließt aber nicht aus, daß in anderen Fällen Aufwendungen für eine Hausgehilfin im Zusammenhang mit einer anderen außergewöhnlichen Belastung im Sinn des § 33 EStG berücksichtigt werden können.

Beispiel:

Ein Steuerpflichtiger hat wegen der Krankheit der Ehefrau eine Hausgehilfin für die Dauer der Krankheit eingestellt. Die tatsächlichen Aufwendungen für die Hausgehilfin gehören zu den Ausgaben, die durch die Krankheit erwachsen sind.

129. Kriegsbeschädigte und ihnen Gleichgestellte

(1) Kriegsbeschädigte und ihnen Gleichgestellte haben in der Regel höhere Werbungskosten und höhere Sonderausgaben als andere Steuerpflichtige. Sie sind in der Regel auch durch besondere Aufwendungen, die ihnen durch ihre Beschädigung erwachsen, außergewöhnlich belastet. Es sind ihnen dafür auf Antrag die in der folgenden Uebersicht bezeichneten Pauschbeträge zu gewähren. Die Anwendung der Pauschbeträge kommt nicht in Betracht, wenn der Steuerpflichtige höhere Werbungskosten als in der Spalte 2 der Uebersicht oder höhere Sonderausgaben als in der Spalte 3 der Uebersicht oder wegen seiner Beschädigung eine höhere außergewöhnliche Belastung als in der Spalte 4 der Uebersicht geltend macht. Die erhöhten Pauschbeträge für Werbungskosten und für Sonderausgaben (Spalten 2 und 3 der Uebersicht) treten an die Stelle der Pauschbeträge von je 200 RM im § 10 Absatz 1 Ziffer 1 und im § 11 Absatz 1 EStDV 1941. Die Höhe der Pauschbeträge in den Spalten 2 bis 4 der Uebersicht richtet sich nach der Minderung der Erwerbsfähigkeit, die von der Versorgungsbehörde der Versorgung zugrunde gelegt wird, bei Empfängern von Versehrtengeld nach der Versehrtengeldstufe. Es werden gewährt:

bei einer Minderung der Erwerbsfähigkeit um	bei erwerbstätigen Arbeitnehmern		bei allen Steuerpflichtigen als außergewöhnliche Belastung
	als erhöhter Pauschbetrag für Werbungskosten bei den Einnahmen aus nichtselbständiger Arbeit	als erhöhter Pauschbetrag für Sonderausgaben	
	RM	RM	RM
1	2	3	4
25 v. H. bis ausschließlich 35 v. H. und bei Versehrtengeldstufe I ...	275	275	200
35 v. H. bis ausschließlich 45 v. H.	300	300	300
45 v. H. bis ausschließlich 55 v. H. und bei Versehrtengeldstufe II ...	450	450	750
55 v. H. bis ausschließlich 65 v. H.	500	500	875
65 v. H. bis ausschließlich 75 v. H.	550	550	1 025
75 v. H. bis ausschließlich 85 v H. und bei Versehrtengeldstufe III .	600	600	1 150
85 v. H bis ausschließlich 95 v. H.	650	650	1 300
95 v. H. bis einschließlich 100 v. H. und bei Bezug von Rente für Arbeitsverwendungsunfähige.	700	700	1 500
bei Bezug von Pflegezulage, von Blindenzulage oder von erhöhter Verstümmelungszulage	1 200	1 200	3 000

(2) Die Pauschbeträge (Absatz 1 Spalten 2 bis 4 der Uebersicht) werden, auch wenn die Voraussetzungen für ihre Gewährung nicht während des ganzen Kalenderjahres bestanden haben, nicht gekürzt. Ein Abzug des erhöhten Pauschbetrags für Werbungskosten (Absatz 1 Spalte 2 der Uebersicht) ist nur bis zur Höhe der Einnahmen aus nichtselbständiger Arbeit zulässig.

130. Außergewöhnliche Belastung aus verschiedenen Anlässen

(1) Es können bei einem Steuerpflichtigen im gleichen Kalenderjahr (Veranlagungszeitraum) verschiedene Anlässe zusammentreffen, die zu einer außergewöhnlichen Belastung führen.

Beispiel:

Ein Steuerpflichtiger hat im Veranlagungszeitraum aus Anlaß eines Unfalls, von dem er selbst betroffen wurde, und aus Anlaß einer längeren Krankheit seiner Ehefrau erhebliche Aufwendungen gehabt.

In diesen Fällen sind die tatsächlichen Aufwendungen aus verschiedenen Anlässen, soweit sie dem Steuerpflichtigen zwangsläufig erwachsen sind, zusammenzurechnen. Der Gesamtbetrag ist, vermindert um die gewöhnliche Belastung (§ 22 Absatz 3 EStDV 1941), als außergewöhnliche Belastung vom Einkommen abzuziehen.

Beispiel:

Ein Steuerpflichtiger hat aus Anlaß eines Unfalls, von dem er selbst betroffen wurde, und für eine längere Krankheit seiner Ehefrau erhebliche Aufwendungen gehabt. Sein Einkommen hat 3000 RM betragen. Er hat aus Anlaß seines Unfalls 400 RM und aus Anlaß der Krankheit seiner Ehefrau 250 RM aufwenden müssen. Die Steuer ist wie folgt zu berechnen:

Einkommen		3 000 RM
davon ab die außergewöhnliche Belastung:		
tatsächliche Aufwendungen	650 RM	
gewöhnliche Belastung (5 v. H. von 3000 RM =)	150 RM	500 RM
	zu versteuern	2 500 RM

(2) Sind dem Steuerpflichtigen außergewöhnliche Belastungen erwachsen, für die Pauschbeträge vorgesehen sind, so kann er den Abzug der Pauschbeträge beantragen. Sind dem Steuerpflichtigen noch andere außergewöhnliche Belastungen erwachsen, für die Pauschbeträge nicht vorgesehen sind, so kann er außerdem den Abzug der tatsächlichen Aufwendungen, die ihm durch

die anderen außergewöhnlichen Belastungen erwachsen sind, geltend machen. Diese tatsächlichen Aufwendungen sind aber nur insoweit abzuziehen. als sie die gewöhnliche Belastung übersteigen.

Beispiel:

Ein Steuerpflichtiger, dessen Erwerbsfähigkeit durch Kriegsbeschädigung um 55 v. H. gemindert ist, hat wegen seiner Kriegsbeschädigung eine Hausgehilfin beschäftigt. Sein Einkommen hat 6000 RM betragen. Der Steuerpflichtige hat seine kranke Mutter in seinen Haushalt aufgenommen und ihren Lebensunterhalt und die Kosten der ärztlichen Behandlung in Höhe von 200 RM getragen. Die Steuer ist wie folgt zu berechnen:

Einkommen (unter Berücksichtigung der erhöhten Pauschbeträge für Werbungskosten und Sonderausgaben Abschnitt 129 gemäß)			6 000 RM
davon ab die außergewöhnliche Belastung:			
1. Pauschbetrag wegen Kriegsbeschädigung		875 RM	
2. Pauschbetrag für Hausgehilfin .		600 RM	
3 Aufwendungen für die Aufnahme der Mutter in den eigenen Haushalt (Höchstbetrag Abschnitt 127 Absatz 4 gemäß) . =	960 RM		
4. Aufwendungen für die Krankheit der Mutter .	200 RM		
zusammen	1 160 RM		
gewöhnliche Belastung (4 v. H. von 6000 RM =)	240 RM	920 RM	2 395 RM
zu versteuern			3 605 RM

Diese Berechnung ist für den Steuerpflichtigen günstiger als die Berechnung Absatz 1 gemäß. Es hätte sich dabei die folgende Berechnung ergeben:

Einkommen (unter Berücksichtigung der erhöhten Pauschbeträge für Werbungskosten und Sonderausgaben Abschnitt 129 gemäß)	6 000 RM
davon ab die außergewöhnliche Belastung:	
1. tatsächliche eigene Aufwendungen aus Anlaß der Kriegsbeschädigung	

a) für Arzt, Heilmittel usw. . .	200 RM	
b) für die Hausgehilfin	1 000 RM	
2 Aufwendungen für die Aufnahme der Mutter in den eigenen Haushalt gemäß (Höchstbetrag Abschnitt 127 Absatz 4)	960 RM	
3. Aufwendungen für die Krankheit der Mutter	200 RM	
zusammen	2 360 RM	
gewöhnliche Belastung (4 v. H. von 6000 RM =) . . .	240 RM	2 120 RM
zu versteuern		3 880 RM

§ 34. Außerordentliche Einkünfte

1. Außerordentliche Einkünfte, die die Entlohnung für eine Tätigkeit darstellen, die sich über mehrere Jahre erstreckt, unterliegen der Einkommensteuer zu den auf anderes Einkommen anwendbaren Sätzen. Zum Zwecke der Einkommensteuerveranlagung können diese außerordentlichen Einkünfte auf die Jahre verteilt werden, in deren Verlauf sie erzielt werden, und als Einkommen eines jeden dieser Jahre angesehen werden, vorausgesetzt, daß die Gesamtverteilung drei Jahre nicht überschreitet.

2. Gewinne, die aus Veräußerungen im Sinne der Paragraphen 14, 16 und 17 des Einkommensteuergesetzes stammen (d. h. gewisse Gewinne aus der Veräußerung von Betrieben, Liegenschaften, Wertpapieren, Anteilscheinen oder Schuldverschreibungen), werden nicht mehr als außerordentliche Einkünfte angesehen, sondern unterliegen der Einkommensteuer zu den auf andere Einkommen anwendbaren Sätzen.

Das EStG 1939 sah im bisherigen § 34 eine Ermäßigung der Steuersätze auf 10 bis 25 v. H. der außerordentlichen Einkünfte vor. Durch Artikel XIV des Gesetzes Nr. 12 ist der § 34 geändert worden. Nunmehr unterliegen außerordentliche Einkünfte, die eine Entlohnung für eine Tätigkeit darstellen, welche sich über mehrere Jahre erstreckt, nicht mehr ermäßigten Steuersätzen. Solche außerordentlichen Einkünfte können als Einkommen derjenigen Jahre angesehen werden, in denen sie erzielt wurden, jedoch darf die Gesamtverteilung drei Jahre nicht überschreiten. Die Tätigkeit, die sich über mehrere Jahre erstreckt, muß eine einheitliche sein (StuW 1951 S. 1036), und die Vergütung muß im allgemeinen in einer Summe gezahlt worden sein, sie muß außerdem von der sonstigen Tätigkeit des Steuerpflichtigen klar abgrenzbar sein. So käme die Verteilung z. B. in Betracht bei einem Universitätsprofessor, der neben seiner Lehrtätigkeit ein größeres wissenschaftliches Werk schreibt, an dem er mehrere Jahre arbeiten muß und dann bei Erscheinen vom Verlag eine größere Geldsumme ausgezahlt erhält.

Die **EStR 1943** bestimmen über solche Einkünfte u. a. folgendes:

64. Einkünfte, die die Entlohnung für eine Tätigkeit darstellen, die sich über mehrere Jahre erstreckt

Abschnitt 133 EStR 1941 erhält die folgende Fassung:

(1) Bezieht ein Steuerpflichtiger Einkünfte, die die Entlohnung für eine Tätigkeit darstellen, die sich über mehrere Jahre erstreckt, so gilt das Folgende:

a) Bei Einkünften aus Gewinnbetrieben (Land- und Forstwirtschaft, Gewerbebetrieb und selbständige Arbeit) kommt eine tarifliche Vergünstigung § 34 EStG gemäß grundsätzlich nicht in Betracht. Hinweis auf das RFH-Urteil vom 2. Juni 1943 (Reichssteuerbl. 1943 S. 595 Nr. 574). § 34 EStG ist jedoch ausnahmsweise bei den Einkünften aus selbständiger Arbeit anzuwenden,

1. wenn die Tätigkeit des Steuerpflichtigen mehrere Jahre hindurch ausschließlich der einen Sache gewidmet war und die Vergütung für diese gesamte mehrjährige Tätigkeit in einem Jahr geschieht, oder
2. wenn eine Sondertätigkeit, die sich über mehrere Jahre erstreckt und die ausreichend abgrenzbar ist, in einem Jahr entschädigt wird. Voraussetzung ist, daß die Sondertätigkeit nicht zum regelmäßigen Gewinnbetrieb gehört.

Hinweis auf die RFH-Urteile vom 1. Februar 1940 (Reichssteuerbl. 1940 S. 601 Nr. 470) und vom 19. November 1941 (Reichssteuerbl. 1942 S. 19 Nr. 18).

b) Bei Einkünften aus nichtselbständiger Arbeit ist die tarifliche Vergünstigung § 34 EStG gemäß zu gewähren, wenn es sich bei diesen Einkünften um einmalige besondere Vergütungen für eine Sondertätigkeit handelt, die sich über mehrere Jahre erstreckt und von der laufenden Tätigkeit klar abgrenzbar ist. Sie ist aber auch zu gewähren, wenn sich Vergütungen, die sich auf mehrere Jahre beziehen, aus dem einen oder anderen zwingenden Grund in einem Jahr zusammenballen. § 34 Absatz 2 Ziffer 1 EStG ist zum Beispiel anzuwenden,

1. wenn eine Lohnzahlung für eine Zeit, die vor dem Veranlagungszeitraum liegt, deshalb nachträglich geleistet wird, weil vom Arbeitgeber Lohnbeträge zu Unrecht einbehalten oder mangels flüssiger Mittel des Arbeitgebers nicht in der festgesetzten Höhe ausgezahlt worden sind. Hinweis auf die RFH-Urteile vom 1. Februar 1940 (Reichssteuerbl. 1940 S. 601 Nr. 470), vom 29. Februar 1940 (Reichssteuerbl. 1940 S. 602 Nr. 471) und vom 26. September 1940 (Reichssteuerbl. 1940 S. 981 Nr. 907),

2. wenn eine Vorauszahlung oder Nachzahlung von Prämien mehrere Jahre für eine Versorgung oder für eine Unfallversicherung des Arbeitnehmers durch den Arbeitgeber deshalb geschieht, weil auf diese Weise günstigere Prämiensätze erzielt werden oder weil die Zusammenfassung satzungsgemäßen Bestimmungen einer Versorgungseinrichtung entspricht. Hinweis auf das RFH-Urteil vom 22. August 1940 (Reichssteuerbl. 1940 S. 859 Nr. 768).

(2) § 34 EStG ist nicht anzuwenden, wenn freiwillig und ohne ausreichende sachliche Voraussetzungen Zahlungen, insbesondere Lohn- oder Gehaltsnachzahlungen, etwa mit der Begründung geleistet werden, die bisherigen Zahlungen seien ungenügend gewesen. Hinweis auf die RFH-Urteile vom 19. November 1941 (Reichssteuerbl. 1942 S. 19 Nr. 18), vom 16. April 1942 (Reichssteuerbl. 1942 S. 882 Nr. 708) und vom 22. Oktober 1942 (Reichssteuerbl. 1942 S. 1109 Nr. 1003).

EStR 1941

134. Jubiläumsgeschenke

(1) Jubiläumsgeschenke, bei denen nicht alle Voraussetzungen des § 5 Absatz 1 LStDB vorliegen, sind in voller Höhe einkommensteuerpflichtig (§ 3 EStDV 1941 und § 5 Absatz 2 LStDB). Die Hinzurechnung des steuerpflichtigen Jubiläumsgeschenks zu den anderen Einkünften führt bei der Veranlagung des Arbeitnehmers oft dazu, daß das Einkommen einem wesentlich höheren Steuersatz als dem Steuersatz unterliegt, der sich ohne die Hinzurechnung des Jubiläumsgeschenks ergeben würde.

(2) Ich bin damit einverstanden, daß die steuerpflichtigen Jubiläumsgeschenke bei der Veranlagung als außerordentliche Einkünfte im Sinn des § 34 EStG angesehen werden. Voraussetzung dafür ist, daß entweder der Arbeitnehmer ununterbrochen 25, 40 oder 50 Jahre bei dem Arbeitgeber oder seinem Rechtsnachfolger beschäftigt war oder daß die Firma 25 oder 50 Jahre oder ein sonstiges Mehrfaches von 25 Jahren bestanden hat.

Nach der bisherigen Fassung des § 34 waren auch Veräußerungsgewinne steuerbegünstigt, das ist jetzt nicht mehr der Fall. Veräußerungsgewinne unterstehen nunmehr der Einkommensteuer zu den auf andere Einkommen anwendbaren Sätzen.

V. Entrichtung der Steuer

1. Vorauszahlungen.

§ 35. Bemessung und Entrichtung der Vorauszahlungen.

(1) Vorauszahlungen auf die Einkommensteuer sind am 10. April, 10. Juli, 10. Oktober und 10. Januar zu entrichten.

(2) Die Grundlage für die Berechnung der Vorauszahlungen bildet für jedes Vierteljahr das Einkommen des vorhergehenden Vierteljahres.

(3) Vorbehaltlich der Ausnahmebestimmungen in Satz 2 dieses Absatzes muß jeder Steuerpflichtige gleichzeitig mit der Vorauszahlung eine „vierteljähr-

liche Erklärung“ abgeben, in der er angeben muß, wie er die Vorauszahlung berechnet hat. Land- und Forstwirten, die keine Bücher führen, sowie Personen, deren Einkommen für das vorhergehende Vierteljahr 1000 RM nicht übersteigt, brauchen diese Erklärung nicht abzugeben.

(4) Spätestens am 10. März eines jeden Jahres muß der Steuerpflichtige eine Erklärung über sein Gesamteinkommen des mit dem vorhergehenden 31. Dezember abgelaufenen Kalenderjahres abgeben („jährliche Steuererklärung“). Folgende Personen brauchen diese Erklärung nicht abzugeben:

a) alle Personen, deren aus Löhnen stammendes Einkommen 24 000 RM nicht erreicht und deren sonstiges steuerpflichtiges Einkommen 600 RM im Jahre nicht übersteigt,

b) Land- und Forstwirte, die keine Bücher führen und deren nicht aus Land- und Forstwirtschaft stammendes steuerpflichtiges Einkommen 600 RM im Jahre nicht übersteigt,

c) andere Personen, deren steuerpflichtiges Einkommen 600 RM im Jahre nicht übersteigt.

(5) Auf Grund der gemäß Absatz 4 abgegebenen jährlichen Steuererklärungen berechnet das Finanzamt neuerdings den Gesamtbetrag der Einkommensteuer für das ganze Jahr. Wenn aus dieser neuen Berechnung hervorgeht, daß ein die Einkommensteuerschuld übersteigender Betrag bezahlt worden ist, wird dieser je nach Wunsch des Steuerpflichtigen ihm entweder auf seine Steuerschuld des folgenden Jahres gutgeschrieben oder zurückgezahlt. Wenn es sich hingegen ergibt, daß eine Nachzahlung zu leisten ist, so muß diese von dem Steuerpflichtigen binnen 14 Tagen nach Mitteilung der neu errechneten Steuerschuld geleistet werden.

(6) Falls die vierteljährlichen Vorauszahlungen 25 v. H. oder mehr unter dem tatsächlichen Betrag der endgültig für das Vierteljahr zu zahlenden Steuern liegen, muß der Steuerpflichtige als Strafe eine zusätzliche Steuer zahlen, die sich auf 15 v. H. der endgültigen, für das betreffende Vierteljahr errechneten Summe beläuft. Bei der Ermittlung, ob ein Minderbetrag von 25 v. H. oder mehr besteht, wird ein für ein Vierteljahr zuviel bezahlter Betrag dem Steuerpflichtigen für die Steuerzahlung des folgenden Vierteljahres gutgeschrieben.

(7) Das Finanzamt kann nötigenfalls die Richtigkeit der von dem Steuerpflichtigen in seiner auf Grund der Ziffer 3 abgegebenen vierteljährlichen Steuererklärung über sein Einkommen gemachten Angaben sofort nachprüfen und eine neue Berechnung der Steuerschuld vornehmen, ohne das Jahresende und die Abgabe der jährlichen Einkommensteuererklärung abzuwarten.

Durch Artikel XVI des Gesetzes Nr. 12 sind die bisherigen Bestimmungen über die Vorauszahlungen grundlegend geändert worden. Nunmehr sind die Vorauszahlungen auf die Einkommensteuer am 10. April, 10. Juli, 10. Oktober und 10. Januar statt wie bisher am 10. März, 10. Juni, 10. September und 10. Dezember zu leisten.

Bemessungsgrundlage für die Vorauszahlungen ist auch nicht mehr die für das Vorjahr veranlagte Einkommensteuer, sondern das im vorhergehenden Vierteljahr erzielte Einkommen. Die bis zum 10. April zu entrichtende Vorauszahlung ist also z. B. zu berechnen nach dem Einkommen, welches der Steuerpflichtige in der Zeit vom 1. Januar bis 31. März erzielt hat. Gleichzeitig mit der Entrichtung der Vorauszahlung ist dann auch eine „vierteljährliche Erklärung" abzugeben, in der anzugeben ist, wie die Vorauszahlung errechnet wurde. Diese „vierteljährliche Erklärung" gilt auch als Steuererklärung. Nach Jahresschluß muß der Steuerpflichtige dann bis zum 10. März des folgenden Jahres eine „jährliche Steuererklärung" abgeben, welche sein Gesamteinkommen im abgelaufenen Kalenderjahr umfaßt. Die Steuerpflichtigen haben also nunmehr fünf Steuererklärungen in jedem Jahr abzugeben, nämlich vier „vierteljährliche Erklärungen" und eine „jährliche Steuererklärung". Von der Abgabe der „vierteljährlichen Erklärungen" sind diejenigen Land- und Forstwirte, die keine Bücher führen, sowie diejenigen Steuerpflichtigen befreit, deren Einkommen für das vorhergehende Vierteljahr 1000 RM nicht überstiegen hat. Von der Abgabe der „jährlichen Steuererklärung" sind befreit alle Lohn- und Gehaltsempfänger unter 24 000 RM Jahreseinkommen, sofern ihr sonstiges Einkommen 600 RM im Jahre nicht übersteigt, ferner Land- und Forstwirte, die keine Bücher führen, sofern auch ihr sonstiges Einkommen 600 RM im Jahre nicht übersteigt und endlich alle anderen Steuerpflichtigen mit einem steuerpflichtigen Einkommen von nicht mehr als 600 RM. Der Betrag von 600 RM ist also die Grenze, nach deren Ueberschreitung eine Steuererklärung abzugeben ist.

Auf Grund der „jährlichen Steuererklärung" nimmt das Finanzamt dann die Veranlagung vor. Stellt sich dabei heraus, daß der Steuerpflichtige seine Einkommensteuerschuld überzahlt hat, so wird ihm der überzahlte Betrag entweder auf die Steuerschuld des folgenden Jahres gutgeschrieben oder zurückgezahlt, je nach Wunsch des Steuerpflichtigen. Hat dagegen der Steuerpflichtige eine Nachzahlung zu leisten, so muß dieselbe binnen 14 Tagen nach Mitteilung der neu errechneten Steuerschuld geleistet werden. Damit der Steuerpflichtige seine vierteljährlichen Steuerzahlungen auch sorgfältig errechnet, ist bestimmt, daß er als Strafe eine zusätzliche Steuer zahlen muß, wenn festgestellt wird, daß die vierteljährlichen Vorauszahlungen 25 v. H. oder mehr unter dem tatsächlichen Betrag der endgültig für das Vierteljahr zu zahlenden Steuern liegen. Die Höhe der Strafe beträgt 15 v. H. der endgültig für das betreffende Vierteljahr errechneten Summe. Hat ein Steuerpflichtiger in einem Vierteljahr eine zu hohe Vorauszahlung entrichtet, so wird ihm bei der Ermittlung, ob ein Minderbetrag von 25 v. H. oder mehr besteht, dieser zuviel gezahlte Betrag für das folgende Vierteljahr gutgeschrieben.

Wenn auch die Veranlagung der Steuerpflichtigen erst nach Abgabe der „jährlichen Steuererklärung" vorgenommen werden soll, so kann das Finanzamt doch die Richtigkeit der „vierteljährlichen Erklärung" schon früher nachprüfen und gegebenenfalls eine neue Berechnung der Steuerschuld vornehmen, ohne das Jahresende und die Abgabe der „jährlichen Steuererklärung" abzuwarten.

§ 36 und § 37. Ueberholt durch Artikel XVI des Gesetzes Nr. 12 der Alliierten Kontrollbehörde.

2. Steuerabzug vom Arbeitslohn (Lohnsteuer).

§ 38. Entrichtung der Lohnsteuer.

(1) Bei den Einkünften aus nichtselbständiger Arbeit wird die Einkommensteuer durch Abzug vom Arbeitslohn erhoben (Lohnsteuer). Der Arbeitgeber hat die Lohnsteuer für den Arbeitnehmer bei jeder Lohnzahlung einzubehalten und an das Finanzamt abzuführen.

(2) Wenn der Arbeitslohn ganz oder teilweise aus Sachbezügen (§ 8) besteht und der Barlohn zur Deckung der Lohnsteuer nicht ausreicht, so hat der Arbeitnehmer dem Arbeitgeber den zur Deckung der Lohnsteuer erforderlichen Betrag zu zahlen. Unterläßt das der Arbeitnehmer, so hat der Arbeitgeber einen entsprechenden Teil der Sachbezüge nach seinem Ermessen zurückzubehalten und die Lohnsteuer abzuführen.

(3) Der Arbeitnehmer ist beim Steuerabzug vom Arbeitslohn (Lohnsteuer) Steuerschuldner. Der Arbeitgeber haftet aber dem Reich für die Einbehaltung und Abführung der Lohnsteuer. Der Arbeitnehmer (Steuerschuldner) wird nur in Anspruch genommen,

a) wenn der Arbeitgeber den Arbeitslohn nicht vorschriftsmäßig gekürzt hat oder

b) wenn der Arbeitnehmer weiß, daß der Arbeitgeber die eingehaltene Lohnsteuer nicht vorschriftsmäßig abgeführt hat und dies dem Finanzamt nicht unverzüglich mitteilt oder

c) wenn der Arbeitnehmer eine ihm ausdrücklich auferlegte Verpflichtung, seine Steuerkarte berichtigen zu lassen, nicht erfüllt.

Ueber die Bewertung der Sachbezüge für die Zwecke des Steuerabzugs vom Arbeitslohn hat der Magistrat der Stadt Berlin folgende Bekanntmachung erlassen:

Bekanntmachung
über die Bewertung der Sachbezüge für die Zwecke des Steuerabzugs vom Arbeitslohn und für die Zwecke der Sozialversicherung

I.

Der Wert der Sachbezüge wird für die Zwecke des Steuerabzugs vom Arbeitslohn und für die Zwecke der

Sozialversicherung im Gebiet der Stadt Berlin mit Wirkung vom 1. April 1946 einheitlich wie folgt festgesetzt:

A. Volle freie Station (einschließlich Wohnung, Heizung und Beleuchtung) monatlich:

1. für Lohnempfänger . . . . RM 48,—
2. für Gehaltsempfänger, soweit sie nicht unter Nr. 3 fallen, und für das gesamte auf Binnenschiffen beschäftigte Personal, soweit es nicht unter Nr. 3 fällt . . . . „ 54,—
3. Gehaltsempfänger höherer Ordnung (z. B. Aerzte, Apotheker, Hauslehrer, Hausdamen, Werkmeister, Gutsinspektoren . . „ 69,—

B. Bei teilweiser Gewährung von freier Station monatlich:

1. für erstes und zweites Frühstück . . . . RM 7,20
2. für Mittagessen . . . . „ 15,60
3. für Nachmittagskaffee . . . . „ 4,80
4. für Abendessen . . . . „ 10,80
5. für Wohnung
   a) der Lohnempfänger (oben A 1) . . . . „ 7,20
   b) der Gehaltsempfänger (oben A 2) . . . „ 13,20
   c) der Gehaltsempfänger höherer Ordnung (oben A 3) . . . . „ 28,20
6. für Heizung und Beleuchtung . . . . . „ 2,40

C. Wird die freie Station nicht nur dem Beschäftigten allein, sondern auch seinen Familienangehörigen gewährt, so erhöhen sich die in den Abschnitten A und B bezeichneten Beträge

1. für den Ehegatten . . . . um 80 v. H.
2. für jedes Kind bis zum vollendeten 6. Lebensjahr . . . . „ 30 v. H.
3. für jedes zum Haushalt gehörige Kind über 6 Jahre . . . . „ 40 v. H.

D. Wird die volle oder teilweise freie Station tageweise oder wochenweise gewährt, so sind für den Tag 1/30 und für die Woche 7/30 der in den Abschnitten A bis C bezeichneten Beträge anzusetzen.

E. Freie Wohnung für mehrere Personen (Familienwohnung)

1. bei Lohn- und Gehaltsempfängern . . . RM 20,—
2. bei Gehaltsempfängern höherer Ordnung . „ 30,—

F. Freie Heizung und Beleuchtung einer Familienwohnung mit Küche monatlich . . „ 7 50

Hiervon entfallen 2/3 auf Heizung und 1/3 auf Beleuchtung

G. Dienstkleidung monatlich . . . . „ 8,70

II.

Die vorstehend aufgeführten Bewertungssätze gelten auch dann, wenn in einer Tarifordnung, einer Betriebs-, oder Dienstordnung oder in einem Arbeitsvertrag für die Sachbezüge höhere oder niedrigere Werte festgesetzt worden sind. Sie gelten nicht, wenn an Stelle der vorgesehenen Sachbezüge die in der Tarifordnung, der Betriebs- oder Dienstordnung oder in dem Arbeitsvertrag festgesetzten Werte nicht nur gelegentlich oder vorübergehend (z. B. bei tageweiser auswärtiger Beschäftigung, bei Urlaub) bar ausgezahlt werden.

Wenn im Einzelfall der Wert der Sachbezüge offenbar völlig aus dem Rahmen des Ueblichen herausfällt, so k. die Generalsteuerdirektion im Benehmen mit dem Hauptamt für Sozialwesen andere Sätze festsetzen.

Berlin, den 11. März 1946

Der Magistrat der Stadt Berlin

Der Stadtkämmerer i. V. Rumpf

Hauptamt für Sozialwesen i. V. Dr. Schellenberg

§ 39. Bemessung der Lohnsteuer — geändert durch Artikel III des Gesetzes Nr. 12.

Bei der Festsetzung der Lohnsteuer sind die Bestimmungen des Artikels III über die Allgemeine Erhöhung der Steuersätze anzuwenden. Danach werden die Steuersätze für Lohn- und Gehaltsempfänger im allgemeinen um 25 Prozent erhöht. Näheres ist aus der im Anhang abgedruckten Tabelle B zur Berechnung der Lohnsteuer für das Jahr 1946 zu ersehen.

Für die in Berlin beschäftigten Lohnsteuerpflichtigen hat der Magistrat der Stadt Berlin unter dem 9. März 1946 nachfolgende Bekanntmachung erlassen:

Betrifft: Abänderung der Lohnsteuer

I.

1. Die Lohnsteuer ist durch Gesetz Nr. 12 des Kontrollrats vom 11. Februar 1946 mit Rückwirkung vom 1. Januar 1946 insofern neu geregelt worden, als

a) eine Erhöhung der Tarifsätze,

b) eine veränderte Berücksichtigung des Familienstandes und

c) eine Einschränkung der Freibeträge eintritt.

2. Maßgebend für die Berechnung der Lohnsteuer sind die Steuersätze der Anlage B des in der Presse veröffentlichten Gesetzes Nr. 12. Die Bemerkungen 1 und 2 sind dabei zu berücksichtigen.

3. Lohnsteuertabellen auf Grund der Anlage B werden von uns, wie bisher üblich, für die einzelnen Lohnstufen, getrennt nach Monats-, Wochen-, Tageslohn usw., ausgearbeitet. Sie werden sofort nach ihrer Fertigstellung in der Presse und im Handel erscheinen.

4. Die Arbeitgeber haben bis zum 10. April d. J. außer der laufenden neuen Lohnsteuer des Monats März auch diejenigen Lohnsteuerbeträge abzuführen, die nach dem neuen Gesetz vom 1. Januar ab in den Monaten Januar und Februar mehr zu erheben sind

II.

Berichtigung hinsichtlich der Steuerklassen

1. Die Veränderungen hinsichtlich des Familienstandes und der Freigrenzen bedingen eine Berichtigung der Lohnsteuerkarte. Da neue Karten in kurzer Frist nicht hergestellt werden können, muß die Berichtigung durch Vermerke auf den jetzt maßgebenden Karten, die bis zum 31. Dezember 1946 in Kraft bleiben, erfolgen.

2. a) Die Berichtigung des Familienstandes erfolgt durch die Arbeitgeber unter Gegenzeichnung des Steuerpflichtigen.

b) Grundsätzlich wird die jetzt auf den Steuerkarten eingetragener Steuergruppe und die eingetragene Kinderzahl für ungültig erklärt.

c) Der Arbeitgeber hat die Neueintragung der Steuerklassen gemäß Artikel II Ziffer 1 des Gesetzes Nr. 12 wie folgt vorzunehmen:

Zur Steuerklasse I gehören alle Personen, die „ledig", „verwitwet" oder „geschieden" sind, sofern sie noch nicht 65 Jahre alt sind und keinen Anspruch auf Kinderermäßigung haben.

Zur Steuerklasse II gehören alle verheirateten Personen und solche unverheirateten Personen vom 65. Lebensjahre ab, die keine Kinderermäßigung erhalten.

Zur Steuerklasse III gehören alle Personen, denen Kinderermäßigung für Kinder bis zum 16. Lebensjahr zusteht und diejenigen, denen Kinderermäßigung für Kinder bis zum 21. Lebensjahr vom Finanzamt bewilligt wird.

d) Betrifft Steuerklasse II. Der Arbeitgeber hat die Steuerklasse II auf der Steuerkarte einzutragen, wenn der Lohnsteuerpflichtige ihm nachweist, daß er verheiratet oder das 65. Lebensjahr vollendet hat.

e) Betrifft Steuerklasse III. Der Arbeitgeber hat die Steuerklasse III und die Untergruppe nach der Kinderzahl einzutragen, wenn der Lohnsteuerpflichtige ihm nachweist oder schriftlich versichert, daß und wieviel Kinder unter 16 Jahren zu seinem Haushalt gehören oder von ihm hauptsächlich unterhalten werden.

Die Versicherungen sind zu den Steuerkarten zu legen.

f) Für die Kinder zwischen dem 16. und 21. Lebensjahr darf der Arbeitgeber nicht ohne weiteres die Kinderermäßigung berücksichtigen. In diesen Fällen hat der Lohnsteuerpflichtige entsprechende Anträge bei dem Arbeitgeber zu stellen.

Diese Anträge werden dem für den Wohnsitz des Arbeitnehmers zuständigen Finanzamt zur Entscheidung übersandt, das über die Berichtigung entscheidet.

III.

Berichtigung hinsichtlich der Freigrenzen

1. Die jetzt auf den Lohnsteuerkarten eingetragenen Freibeträge verlieren von sofort ab ihre Gültigkeit.

2. Für Werbungskosten und Sonderausgaben sind 39 RM monatlich als Freibetrag in die Lohnsteuertabelle eingearbeitet.

3. Falls ein Lohnsteuerpflichtiger höhere Werbungskosten und Sonderausgaben oder eine außerordentliche Belastung gemäß § 33 EStG geltend machen will, kann er einen entsprechend begründeten Antrag unter Beachtung der neuen Bestimmungen des Gesetzes Nr. 12 bei seinem Arbeitgeber einreichen.

Vom Arbeitgeber werden die Anträge den zuständigen Finanzämtern zur Entscheidung vorgelegt.

4. Bei unzweifelhaft weiter anzuerkennenden außerordentlichen Belastungen, insbesondere bei Kriegsversehrten, Opfern des Faschismus, genügt bei den Anträgen die Berufung auf die bei den Finanzämtern vorhandenen Unterlagen.

IV.

Sondertarif für sonstige, einmalige Bezüge

1. Der Sondertarif des § 35 der Lohnsteuerdurchführungsbestimmungen für sonstige, insbesondere einmalige Bezüge (wie Tantiemen, Gratifikationen) des Arbeitnehmers ist aufgehoben.

2. Solche Bezüge sind in dem Lohnzahlungszeitraum, in dem sie gewährt werden, zum Lohn hinzuzurechnen und mit diesem nach der allgemeinen Steuertabelle zu versteuern.

V.

Diese Regelung gilt für die in Berlin beschäftigten Lohnsteuerpflichtigen.

Berlin, den 9. März 1946.

Der Magistrat der Stadt Berlin
— Finanzabteilung —

§ 40. Bemessung der Lohnsteuer bei sonstigen Bezügen.

Der § 40 in der bisherigen Fassung ist durch Artikel III des Gesetzes Nr. 12 aufgehoben. Die „sonstigen Bezüge" eines Arbeitnehmers, die derselbe neben dem laufenden Arbeitslohn aus demselben Dienstverhältnis bezogen hat, insbesondere also einmalige Bezüge, wie z. B. Tantiemen, Gratifikationen usw. werden nach den auf die anderen Einkunftsarten anwendbaren Sätzen versteuert.

§ 41. Berücksichtigung besonderer Verhältnisse.

(1) Auf Antrag des Arbeitnehmers werden für die Berechnung der Lohnsteuer die folgenden Beträge vom Arbeitslohn abgezogen:

a) wenn die Werbungskosten, die bei den Einkünften aus nichtselbständiger Arbeit erwachsen, und die Sonderausgaben zusammen 39 RM monatlich übersteigen, der 39 RM übersteigende Betrag,

b) wenn außergewöhnliche Belastungen dem Arbeitnehmer zwangsläufig erwachsen und seine steuerliche Leistungsfähigkeit wesentlich beeinträchtigen (§ 33), ein vom Finanzamt nach seinem Ermessen zu bestimmender Betrag.

(2) Das Finanzamt hat die nach Absatz 1 vom Arbeitslohn abzuziehenden Beträge auf der Steuerkarte (§ 42) einzutragen. Der Abzug ist erst bei der Lohnzahlung vorzunehmen, bei der dem Arbeitgeber die Steuerkarte mit dieser Eintragung vorgelegt wird.

Entsprechend der zu § 39 abgedruckten Bekanntmachung des Magistrats der Stadt Berlin vom 9. März 1946, betreffend Abänderung der Lohnsteuer, können besondere Verhältnisse auf entsprechend begründeten Antrag unter Beachtung der neuen Bestimmungen des Gesetzes Nr. 12 vom Finanzamt berücksichtigt werden. Die Anträge sind vom Arbeitnehmer bei seinem Arbeitgeber einzureichen, der sie dann dem zuständigen Finanzamt zur Entscheidung vorlegt.

§ 42. Steuerkarte.

Der Arbeitnehmer muß sich für die Lohnsteuerberechnung vor Beginn des Kalenderjahrs oder des Dienstverhältnisses von der Gemeindebehörde eine Steuerkarte ausschreiben lassen und muß diese dem Arbeitgeber vorlegen. Der Arbeitgeber hat die

Steuerkarte während der Dauer des Dienstverhältnisses aufzubewahren und sie dem Arbeitnehmer am Ende des Kalenderjahrs oder bei Beendigung des Dienstverhältnisses zurückzugeben.

3. Steuerabzug vom Kapitalertrag (Kapitalertragsteuer).

§ 43. Steuerabzugspflichtige Kapitalerträge.

(1) Die den Dividenden der Vorzugsaktien der Reichsbahngesellschaft in § 43 Absatz 1 Ziffer 1 des Einkommensteuergesetzes und in § 1 Absatz 1 Ziffer 1 der Kapitalertragsteuerverordnung gewährte Ausnahme von der Abzugspflicht für die Kapitalertragsteuer wird aufgehoben.

(2) Der Anwendungskreis des § 1 der Kapitalertragsteuerverordnung wird auf folgende Kapitalerträge ausgedehnt, die nunmehr dem Steuerabzug vom Kapitalertrag unterliegen:

a) Zinsen aus Hypotheken, Schuldverschreibungen und sonstigen Darlehen aller Aktien- und anderen Gesellschaften, Regierungen, Körperschaften oder öffentlichen Verwaltungsstellen (mit Einschluß des Reiches, der Provinzen, der Länder, der Regierungsbezirke, der Kreise und der Gemeinden). Die Zinsen aus Kontokorrenten und kurzfristigen Bankvorschüssen fallen nicht unter diese Bestimmung. Der Kontrollrat kann Befreiungen von diesen Bestimmungen dieses Absatzes gewähren,

b) von einer Bank (mit Einschluß der Postsparkassen und anderer Sparkassen) bezahlte oder gutgeschriebene Zinsen, wenn der Gesamtbetrag der Zinsen 250 RM im Jahr oder im Falle einer kürzeren Zeitdauer einen proportional herabgesetzten Betrag übersteigt.

3) Die Befreiung vom Steuerabzug, die Gesellschaften oder Körperschaften auf Grund des § 2 Absatz 1 Ziffer 2 der Kapitalertragsteuerverordnung und des § 9 des Körperschaftsteuergesetzes zuerkannt war, wird aufgehoben.

Durch Artikel XV des Gesetzes Nr. 12 ist die Bestimmung des § 43 EStG 1939, betreffend steuerpflichtige Kapitalerträge, geändert worden. Die den Dividenden der Vorzugsaktien der Reichsbahngesellschaft bisher gewährte Ausnahme von der Abzugspflicht für die Kapitalertragsteuer ist aufgehoben worden.

§ 44. Bemessung und Entrichtung der Kapitalertragsteuer.

(1) Der Schuldner hat die Kapitalertragsteuer mit 25 v. H. der Kapitalerträge für den Gläubiger einzubehalten. Er hat den Steuerabzug in dem Zeitpunkt vorzunehmen, in dem die Kapitalerträge dem Gläubiger zufließen, und die einbehaltenen Steuerabzüge innerhalb einer Woche an das Finanzamt abzuführen. Der Steuerabzug ist auch dann vorzunehmen, wenn die Kapitalerträge beim Gläubiger zu den Einkünften aus Land- und Forstwirtschaft, aus Gewerbebetrieb, aus selbständiger Arbeit oder aus Vermietung und Verpachtung gehören.

(2) Dem Steuerabzug unterliegen die vollen Kapitalerträge ohne Abzug.

(3) Der Gläubiger ist beim Steuerabzug vom Kapitalertrag (Kapitalertragsteuer) Steuerschuldner. Der Schuldner der Kapitalerträge haftet aber dem Reich für die Einbehaltung und Abführung der Kapitalertragsteuer. Der Gläubiger (Steuerschuldner) wird nur in Anspruch genommen,

a) wenn der Schuldner die Kapitalerträge nicht vorschriftsmäßig gekürzt hat oder

b) wenn der Gläubiger weiß, daß der Schuldner die einbehaltene Kapitalertragsteuer nicht vorschriftsmäßig abgeführt hat und dies dem Finanzamt nicht unverzüglich mitteilt.

Wenn eine Bank oder eine Versicherungsgesellschaft für eigene Rechnung Kapitalerträge vereinnahmt, für welche die Steuer an der Quelle abgezogen worden ist, und wenn dieser Abzug ihre ordnungsgemäße Steuerschuld übersteigt, kann die Gesellschaft die Rückerstattung des von ihr zuviel bezahlten Betrages beantragen.

Durch das Gesetz Nr. 12 ist die Kapitalertragsteuer von 10 v. H. auf 25 v. H. erhöht worden.

§ 45. Steuer auf Aufsichtsratsvergütungen.

Der § 45 ESt G 1939 regelte ursprünglich den Steuerabzug von sonstigen Einkünften. Er ist durch § 12 Absatz 1 Satz 3 der Reichsabgabenordnung überholt. Die durch Artikel VII des Gesetzes Nr. 12 geregelte Steuer auf Aufsichtsratsvergütungen ist hier eingefügt:

(1) Die durch das Gesetz über die Erhebung einer Abgabe der Aufsichtsratsmitglieder vom 28. März 1934 (in der Fassung des Gesetzes vom 17. Februar 1939) eingeführte Sondersteuer für Aufsichtsratsvergütungen wird aufgehoben.

(2) Aufsichtsratsvergütungen, die, wäre dieses Gesetz nicht erlassen worden, unter diese Sonderabgabe gefallen wären, unterliegen der Einkommensteuer zum Satze von 65 v. H. Die Steuer wird durch Abzug an der Quelle erhoben.

(3) Die Steuerpflichtigen, die jährlich eine Einkommensteuererklärung abzugeben haben, müssen in ihrer Erklärung den Bruttobetrag der von ihnen als Aufsichtsratsmitglieder bezogenen Summen angeben. Sie haben Anspruch auf entsprechende Gutschrift für an der Quelle erhobene Abzüge.

Der Steuersatz betrug bei Aufsichtsratsvergütungen, die den Aufsichtsratsmitgliedern vor dem 1. April 1939 zugeflossen sind, 10 v. H. Auf Grund des Gesetzes über die Erhebung einer Abgabe der Aufsichtsratsmitglieder in der Fassung des Gesetzes vom 27. Februar 1939 wurde die Abgabe auf 20 v. H. erhöht. Jetzt beträgt die Abgabe 65 v. H.

§ 45a. Steuer zur Erfassung außerordentlicher Gewinne.

Durch Artikel VI des Gesetzes Nr. 12 ist folgende Bestimmung neu eingeführt worden:

Die gemäß der Gewinnabführungsverordnung erfolgende Veranlagung für die Besteuerung außerordentlicher Gewinne wird folgendermaßen geregelt: Der Gesamtbetrag der sich aus der Einkommensteuer, der Körperschaftsteuer und der Besteuerung außerordentlicher Gewinne ergebende Steuerschuld darf 90 v. H. des gesamten Reineinkommens nicht überschreiten.

5. Veranlagung von steuerabzugspflichtigen Einkünften.

§ 46.

Die Einkommensteuer wird für alle Personen veranlagt, die zur jährlichen Abgabe einer Einkommensteuererklärung verpflichtet sind. Diesen Personen werden auch weiterhin die von dem Lohn oder anderen Einkommen als Steuer abgezogenen Summen gutgeschrieben.

Durch Artikel III Absatz 5 ist § 46 des EStG in der Fassung des § 7 der Steuervereinfachungsverordnung vom 14. September 1944 geändert worden. Danach werden veranlagt alle Personen, deren aus Löhnen stammendes Einkommen 24 000 RM und darüber beträgt.

Artikel VIII. Steuerermäßigungen wegen erlittener Verluste.

Bei der Veranlagung zur Einkommensteuer und zur Besteuerung außerordentlicher Gewinne für natürliche oder juristische Personen und bei der Errechnung der Steuerschuld dieser Personen für die verflossenen Jahre sind keine Gutschriften und keine Ermäßigungen für aus folgenden Ursachen entstandene Verluste zu gewähren:

a) Wehrmachtaufträge,
b) öffentliche Schuld,
c) durch den Krieg verursachte Zerstörungen oder Beschädigungen,
d) Steuergutscheine.

Vorstehende Bestimmung ist durch das Gesetz Nr. 12 neu eingefügt worden.

6. **Abschlußzahlung.**

§ 47.

Die bisherige Bestimmung des § 47 ist durch Artikel XVI des Gesetzes Nr. 12 der Alliierten Kontrollbehörde geändert worden. Näheres siehe unter § 35 Absätze 5 und 6.

VI. Besteuerung nach dem Verbrauch

§ 48.

(1) Der Steuerpflichtige kann nach dem Verbrauch besteuert werden, wenn der Verbrauch im Kalenderjahr 10 000 RM überstiegen hat und um mindestens die Hälfte höher ist als das Einkommen. Der Betrag von 10 000 RM erhöht sich um je 2000 RM für jedes Kind und jeden anderen Angehörigen, für die dem Steuerpflichtigen Kinderermäßigung zusteht oder gewährt wird.

(2) Zum Verbrauch gehören alle Aufwendungen des Steuerpflichtigen für seinen Haushalt und für seine Lebensführung und die Lebensführung seiner Angehörigen.

(3) Zum Verbrauch gehören nicht

1. die Sonderausgaben (§ 10 Absatz 1),
2. die Steuern vom Einkommen und sonstige Personensteuern,
3. Ausgaben für Aussteuern oder Ausstattungen, soweit sie das den Verhältnissen des Steuer-

pflichtigen entsprechende Maß nicht überstiegen haben,

4. Ausgaben für politische, wissenschaftliche, künstlerische, mildtätige oder gemeinnützige Zwecke,

5. Ausgaben, die durch Krankheiten, Todesfälle oder Unglücksfälle oder durch körperliche oder geistige Gebrechen verursacht sind,

6. Aufwendungen, die durch Geburt eines Kindes entstanden sind,

7. außerordentliche Aufwendungen, die durch den Unterhalt oder die Erziehung eines Kindes oder den Unterhalt eines bedürftigen Angehörigen entstanden sind,

8. Aufwendungen aus sozialen Beweggründen für Arbeitnehmer oder frühere Arbeitnehmer oder für ihre Angehörigen,

9. der Teil des Verbrauchs, den der Steuerpflichtige bestritten hat

   a) aus Einkommen, das er in den letzten drei Jahren versteuert, aber nicht verbraucht hat,

   b) aus Bezügen, die nach § [illegible] steuerfrei sind, oder aus Bezügen, die dem Steuerpflichtigen nach § 22 Ziffer 1 Buchstabe c Satz 2 nicht zuzurechnen sind.

(4) Die Einkommensteuer nach dem Verbrauch beträgt nur die Hälfte der Steuer, die sich aus der Einkommensteuertabelle ergibt. Wenn der sich danach ergebende Steuerbetrag geringer ist als der Steuerbetrag, der sich bei Zugrundelegung des Einkommens ergeben würde, so ist der Besteuerung nicht der Verbrauch, sondern das Einkommen zugrunde zu legen.

EStR 1941

147. Besteuerung nach dem Verbrauch

(1) Der Besteuerung nach dem Verbrauch ist der Verbrauch im Kalenderjahr zugrunde zu legen. Das gilt auch für Steuerpflichtige, die ein vom Kalenderjahr abweichendes Wirtschaftsjahr haben. Ergeben sich dabei Härten, so kann im Billigkeitsweg geholfen werden.

VII. Besteuerung beschränkt Steuerpflichtiger

§ 49. Beschränkt steuerpflichtige Einkünfte.

Inländische Einkünfte im Sinn der beschränkten Einkommensteuerpflicht (§ 1 Absatz 2) sind:

1. Einkünfte aus einer im Inland betriebenen Land- und Forstwirtschaft (§§ 13, 14),
2. Einkünfte aus Gewerbebetrieb (§§ 15, 16), für den im Inland eine Betriebsstätte unterhalten wird oder ein ständiger Vertreter bestellt ist, und Einkünfte aus der Veräußerung eines Anteils an einer inländischen Kapitalgesellschaft (§ 17),
3. Einkünfte aus selbständiger Arbeit (§ 18), die im Inland ausgeübt oder verwertet wird oder worden ist,
4. Einkünfte aus nichtselbständiger Arbeit (§ 19), die im Inland ausgeübt oder verwertet wird oder worden ist, und Einkünfte, die aus inländischen öffentlichen Kassen einschließlich der Kassen der Deutschen Reichsbahn und der Reichsbank mit Rücksicht auf ein gegenwärtiges oder früheres Dienstverhältnis gewährt werden,
5. Einkünfte aus Kapitalvermögen im Sinn des § 20 Absatz 1 Ziffern 1 und 2, wenn der Schuldner Wohnsitz, Geschäftsleitung oder Sitz im Inland hat und Einkünfte im Sinn des § 20 Absatz 1 Ziffern 3 und 4, wenn das Kapitalvermögen

durch inländischen Grundbesitz, durch inländische Rechte, die den Vorschriften des bürgerlichen Rechts über Grundstücke unterliegen, oder durch Schiffe, die in ein inländisches Schiffsregister eingetragen sind, unmittelbar oder mittelbar gesichert ist. Ausgenommen sind die Dividenden aus Vorzugsaktien der Deutschen Reichsbahn und Zinsen aus Anleihen und Forderungen, die in ein öffentliches Schuldbuch eingetragen sind oder über die Teilschuldverschreibungen ausgegeben sind. Die Einkünfte aus Teilschuldverschreibungen unterliegen aber der beschränkten Steuerpflicht, wenn bei ihnen neben der festen Verzinsung ein Recht auf Umtausch in Gesellschaftsanteile (Wandelanleihen) oder eine Zusatzverzinsung eingeräumt ist, die sich nach der Höhe der Gewinnausschüttungen des Schuldners richtet (Gewinnobligationen), und wenn der Schuldner Wohnsitz, Geschäftsleitung oder Sitz im Inland hat,

6. Einkünfte aus Vermietung und Verpachtung (§ 21), wenn das unbewegliche Vermögen, die Sachinbegriffe oder Rechte im Inland belegen oder in ein inländisches öffentliches Buch oder Register eingetragen sind oder in einer inländischen Betriebsstätte verwertet werden,
7. sonstige Einkünfte im Sinn des § 22 Ziffer 1, soweit sie dem Steuerabzug unterworfen werden,
8. sonstige Einkünfte im Sinn des § 22 Ziffer 2, soweit es sich um Spekulationsgeschäfte mit inländischen Grundstücken oder mit inländischen Rechten handelt, die den Vorschriften des bürgerlichen Rechts über Grundstücke unterliegen.

Durch Artikel XV Absatz 1 des Gesetzes Nr. 12 ist die den Dividenden der Vorzugsaktien der Reichsbahngesellschaft gewährte Ausnahme von der Abzugspflicht für die Kapitalertragsteuer aufgehoben worden. Hinsichtlich der Steuerfreiheit der Dividenden aus Vorzugsaktien der Deutschen Reichsbahn von der Steuerpflicht für beschränkt steuerpflichtige Einkünfte ist in dem Gesetz Nr. 12 keine Bestimmung getroffen worden. Es ist aber anzunehmen, daß entsprechend in Artikel XV des Gesetzes Nr. 12 gebrachten Bestimmung auch diese Steuerfreiheit aufgehoben ist.

§ 50. Sondervorschriften für beschränkt Steuerpflichtige.

(1) Beschränkt Steuerpflichtige dürfen Betriebsausgaben (§ 4 Absatz 4) oder Werbungskosten (§ 9) nur insoweit abziehen, als sie mit inländischen Einkünften in wirtschaftlichem Zusammenhang stehen. Die Vorschriften des § 10 (Sonderausgaben), des § 33 (außergewöhnliche Belastungen) und des § 34 (Steuersätze bei außerordentlichen Einkünften) sind nicht anwendbar.

(2) Bei Einkünften, die dem Steuerabzug unterliegen, und bei Einkünften im Sinn des § 20 Absatz 1 Ziffern 3 und 4 ist für beschränkt Steuerpflichtige ein Ausgleich (§ 2 Absatz 2) mit Verlusten aus anderen Einkunftsarten nicht zulässig.

(3) Die Einkommensteuer beträgt bei beschränkt Steuerpflichtigen, die veranlagt werden, mindestens 10 v. H. der Einkünfte.

(4) Die Einkommensteuer für Einkünfte, die dem Steuerabzug vom Arbeitslohn oder vom Kapitalertrag unterliegen, gilt bei beschränkt Steuerpflichtigen durch den Steuerabzug als abgegolten, wenn die Einkünfte nicht Betriebseinnahmen eines inländischen Betriebes sind. Die Höhe der Lohnsteuer bestimmt der Reichsminister der Finanzen.

(5) Das Finanzamt kann die Einkommensteuer bei beschränkt Steuerpflichtigen ganz oder zum Teil erlassen oder in einem Pauschbetrag festsetzen, wenn es aus volkswirtschaftlichen Gründen zweckmäßig ist oder eine gesonderte Berechnung der Einkünfte besonders schwierig ist.

(6) Das Finanzamt kann die Einkommensteuer von beschränkt steuerpflichtigen Einkünften, soweit diese nicht bereits dem Steuerabzug unterliegen, im Weg des Steuerabzugs erheben, wenn dies zur Sicherstellung des Steueranspruchs zweckmäßig ist. Das Finanzamt bestimmt hierbei die Höhe des Steuerabzugs.

Absatz 3 des bisherigen § 50 bestimmte, daß die Einkommensteuer bei beschränkt Steuerpflichtigen, die veranlagt werden, mindestens 10 v. H. der Einkünfte beträgt. Das Gesetz Nr. 12 gibt hierüber keine Bestimmungen. Es ist aber anzunehmen, daß auch bei beschränkt Steuerpflichtigen die Grundtabelle zur Berechnung der Einkommensteuer im Jahre 1946 anzuwenden ist.

VIII. Schlußvorschriften

§ 51.

Jede mit dem gegenwärtigen Gesetz unvereinbare deutsche steuergesetzliche Vorschrift wird aufgehoben oder den Bestimmungen des gegenwärtigen Gesetzes entsprechend geändert.

Die in diesem Gesetz bestimmten Steuersätze finden ab 1. Januar 1946 Anwendung.

Ausgefertigt in Berlin, den 11. Februar 1946.

Anhang A

Alliierte Kontrollbehörde — Kontrollrat

Gesetz Nr. 12

Aenderung der Gesetzgebung in bezug auf Einkommensteuer, Körperschaftsteuer und Gewinnabführung

Der Kontrollrat hat das folgende Gesetz beschlossen:

Erster Teil — Allgemeine Grundsätze

Artikel I

Alle deutschen Steuergesetze sind ohne Unterschied der Rasse, des Glaubens, der Staatsangehörigkeit oder der politischen Einstellung anzuwenden. Alle gesetzlichen Bestimmungen, die mit diesem Grundsatz unvereinbar sind, werden aufgehoben,

insbesondere diejenigen, die vorschreiben, daß die deutschen Steuergesetze im nationalsozialistischen Geiste zu verstehen und auszulegen sind.

Zweiter Teil — Steuersätze

Artikel II

Einkommensteuer — Steuerklassen

1. Für die Errechnung der Einkommensteuer werden die Steuerpflichtigen in folgende Steuerklassen eingeteilt:

a) Steuerklasse I

Steuerklasse I umfaßt diejenigen Personen, die zu Beginn des Steuerjahres nicht verheiratet waren, und diejenigen, die in diesem Jahre nicht mindestens vier Monate verheiratet waren. Personen, die unter die unten aufgezählten Steuerklassen fallen, gehören nicht zur Steuerklasse I.

b) Steuerklasse II

Zur Steuerklasse II gehören folgende Personen, soweit sie nicht in der dritten Gruppe einbegriffen sind:

I. Personen, die zu Beginn des Steuerjahres oder mehr als vier Monate in diesem Jahre verheiratet waren, sowie

II. unverheiratete Personen, die mindestens vier Monate vor Ablauf des Steuerjahres das 65. Lebensjahr erreicht haben.

c) Steuerklasse III

I. Steuerklasse III umfaßt diejenigen Personen, denen Kinderermäßigung zusteht (wie in Absatz II erläutert) oder denen diese Ermäßigung auf Antrag gewährt wird (wie in Absatz III erläutert).

II. Der Steuerpflichtige hat Anrecht auf Kinderermäßigung — für den Begriff „Kinder" ist die bestehende Gesetzgebung maßgebend —, falls die beiden folgenden Bedingungen erfüllt sind:

1. Die Kinder müssen mindestens vier Monate im Steuerjahr zu dem Haushalt des Steuerpflichtigen gehört haben oder in diesem Jahr hauptsächlich auf seine Kosten unterhalten und erzogen worden sein. Im letzteren Falle muß der Steuerpflichtige die Kosten für ihren Unterhalt und ihre Erziehung mindestens vier Monate getragen haben.
2. Die Kinder dürfen während dieses Zeitraums das 16. Lebensjahr nicht vollendet haben.

III. Auf Antrag wird dem Steuerpflichtigen eine Kinderermäßigung gewährt, wenn Kinder, die das 16. Lebensjahr erreicht haben, die beiden folgenden Bedingungen erfüllen:

1. Die Kinder müssen im Steuerjahr mindestens vier Monate eine von dem Kontrollrat oder den zuständigen Zonenbefehlshabern genehmigte Unterrichtsanstalt besucht haben und während dieser Zeit hauptsächlich auf Kosten des Steuerpflichtigen unterhalten worden sein.

2. Die Kinder dürfen während des Steuerjahres das 21. Lebensjahr nicht vollendet haben.

2. Die Bestimmungen dieses Artikels treten an die Stelle des § 32 des Einkommensteuergesetzes sowie aller diesen Paragraphen abändernden gesetzlichen Bestimmungen.

3. Die Bestimmungen dieses Artikels sind bei der Festsetzung der Lohnsteuer anzuwenden. Paragraph 39 des Einkommensteuergesetzes wird dementsprechend geändert.

Artikel III

Einkommensteuer — Allgemeine Erhöhung der Steuersätze

1. Die am 8. Mai 1945 gültigen Sätze für die Einkommensteuer werden nach den folgenden allgemeinen Grundsätzen erhöht:

a) Für Steuerklasse I werden die Sätze für die Einkommensteuer wie folgt erhöht:

I. um 25 Prozent für Gehälter, Löhne und Einkünfte aus freien Berufen,

II. um 35 Prozent für alle anderen Einkunftsarten

b) Auf die Steuerklassen II und III finden die in Absatz a vorgesehenen Erhöhungen Anwendung mit folgenden Ausnahmen:

1. 600 RM des jährlichen Einkommens aller Steuerpflichtigen der Kassen II und III bleiben einkommensteuerfrei.

Für jedes Kind, für das dem Steuerpflichtigen gemäß Artikel II eine Steuerermäßigung zusteht, bleiben weitere 400 RM seines jährlichen Einkommens steuerfrei, wenn er der Steuerklasse III angehört.

c) Falls sich die gemäß den Bestimmungen des Absatzes b erfolgte Aenderung der bisherigen Gesetzgebung in einer Herabsetzung statt Erhöhung der Steuerschuld des Steuerpflichtigen auswirkt, ist die Steuerschuld grundsätzlich so zu errechnen, daß zunächst der Betrag festgestellt wird, der zu erheben gewesen wäre, wenn die Bestimmungen dieses Gesetzes (mit Ausnahme von Artikel I) nicht erlassen worden wären; dazu wird dann unter Beachtung der Bestimmungen in Absatz a ein Zuschlag von 25 Prozent oder 35 Prozent hinzugefügt.

2. Diese allgemeinen Grundsätze finden auf die Festsetzung der Lohnsteuer Anwendung.

3. Ueber die praktische Anwendung dieser allgemeinen Grundsätze geben die als Anlagen A und B beigefügten Tabellen zu diesem Gesetz Aufschluß. Diese Anlagen treten an die Stelle der Tabellen in den Anlagen 1 und 2 zum Einkommensteuergesetz.

4. § 40 des Einkommensteuergesetzes, der besonders auf die sonstigen Bezüge der Arbeitnehmer anwendbare Sätze für die Lohnsteuer festgesetzt hat, wird aufgehoben. Diese Bezüge werden nach den auf die anderen Einkunftsarten anwendbaren Sätze versteuert.

5. Die Einkommensteuer wird für alle Personen veranlagt, die gemäß Ziffer 4 des Artikels VI dieses Gesetzes zur jährlichen Abgabe einer Einkommensteuererklärung verpflichtet sind. Diesen Personen werden auch weiterhin die von dem Lohn oder anderen Einkommen als Steuer abgezogenen Summen gutgeschrieben. § 46 des Einkommensteuergesetzes (in der Fassung des § 7 der Steuervereinfachungsverordnung vom 14. September 1944) wird dementsprechend geändert.

Artikel IV

Körperschaftsteuer — Erhöhung der Steuersätze

1. Die Sätze für die Körperschaftsteuer (§ 19 Absatz I des Körperschaftsteuergesetzes) sind die folgenden:

a) bei Einkommen bis zu 50 000 RM . . 35 Prozent

b) bei Einkommen von 50 000 RM bis zu 100 000 RM . . . . 45 Prozent,

c) bei Einkommen von 100 000 RM bis zu 500 000 RM . . . . 60 Prozent,

d) bei Einkommen über 500 000 RM . . . 65 Prozent.

2. Zur Vermeidung von Unbilligkeiten in Grenzfällen wird die folgende Angleichung vorgesehen:
wenn das Einkommen einer Körperschaft in eine der in den Absätzen b, c oder d der obigen Ziffer 1 angeführten Stufen fällt, soll der fällige Steuerbetrag nicht höher sein als

a) die Steuer für das höchste Einkommen der nächstniedrigeren Steuerstufe mit einem Zuschlag von
b) 90 Prozent des Unterschieds zwischen dem Gesamteinkommen und dem höchsten Einkommen der nächstniedrigeren Stufe.

3. Die praktische Anwendung dieser Bestimmungen ist aus Anlage C ersichtlich.

Artikel V

Steuerabzug vom Kapitalertrag

1. Der in § 3 der Kapitalertragsteuerverordnung in ihrer gegenwärtigen Fassung vorgesehene Steuersatz wird auf 25 Prozent des gesamten Kapitalertrages festgesetzt.

2. Wenn eine Bank oder eine Versicherungsgesellschaft für eigene Rechnung Kapitalerträge vereinnahmt, für welche die Steuer an der Quelle abgezogen worden ist, und wenn dieser Abzug ihre ordnungsgemäße Steuerschuld übersteigt, kann die Gesellschaft die Rückerstattung des von ihr zuviel bezahlten Betrages beantragen.

Artikel VI

Steuer zur Erfassung außerordentlicher Gewinne

Die gemäß der Gewinnabführungsverordnung erfolgende Veranlagung für die Besteuerung außerordentlicher Gewinne wird folgendermaßen geregelt:
der Gesamtbetrag der sich aus der Einkommensteuer, der Körperschaftsteuer und der Besteuerung außerordentlicher Gewinne ergebenden Steuerschuld darf 90 Prozent des gesamten Reineinkommens nicht überschreiten.

Artikel VII

Steuer auf Aufsichtsratvergütungen

1. Die durch das Gesetz über die Erhebung einer Abgabe der Aufsichtsratmitglieder vom 28. März 1934 (in der Fassung des Gesetzes vom 17. Februar 1939) eingeführte Sondersteuer für Aufsichtsratvergütungen wird aufgehoben.

2. Aufsichtsratvergütungen, die, wäre dieses Gesetz nicht erlassen worden, unter diese Sonderabgabe gefallen wären, unterliegen der Einkommensteuer zum Satze von 65 Prozent. Die Steuer wird durch Abzug an der Quelle erhoben.

3. Die Steuerpflichtigen, die nach Artikel XVI Ziffer 4 dieses Gesetzes jährlich eine Einkommensteuererklärung abzugeben haben, müssen in ihrer Erklärung den Bruttobetrag der von ihnen als Aufsichtsratmitglieder bezogenen Summen angeben Sie haben Anspruch auf entsprechende Gutschrift für an der Quelle erhobene Abzüge.

4. Die Verordnung vom 31. März 1939 über den Steuerabzug von Aufsichtsratvergütungen wird den Bestimmungen des gegenwärtigen Artikels gemäß geändert.

Dritter Teil — Verfahren zur Ermittlung des Einkommens

Artikel VIII

Steuerermäßigung wegen erlittener Verluste

Bei der Veranlagung zur Einkommensteuer und zur Besteuerung außerordentlicher Gewinne für natürliche oder juristische Personen und bei der Errechnung der Steuerschuld dieser Personen für die verflossenen Jahre sind keine Gutschriften und keine Ermäßigungen für aus folgenden Ursachen entstandene Verluste zu gewähren:

a) Wehrmachtsaufträge,
b) öffentliche Schuld,
c) durch den Krieg verursachte Zerstörungen oder Beschädigungen,
d) Steuergutscheine.

Artikel IX

Steuer auf Einkommen aus Land- und Forstwirtschaft

1. Das Einkommen von Land- und Forstwirten, die keine Bücher führen, wird zum Zwecke der Berechnung ihrer Einkommensteuer von einem Achtzehntel des Wertes ihres landwirtschaftlichen oder forstwirtschaftlichen Vermögens (wie dies in § 2 der Verordnung vom 31. Dezember 1936 über die Aufstellung von Durchschnittssätzen für die Ermittlung des Gewinns aus Land- und Forstwirtschaft vorgesehen ist) auf ein Zwölftel des Wertes dieses Vermögens erhöht.

2. Den in Ziffer 1 genannten Personen wird, falls ihr Reineinkommen 6000 RM im Jahre nicht übersteigt, ein Freibetrag von 1000 RM gewährt. Absatz 3 des § 13 des Einkommensteuergesetzes wird demgemäß geändert.

3. Einwanderern, welche die seit dem 8. Mai 1945 bestehenden Grenzen Deutschlands überschritten haben und Land- oder Forstwirtschaft betreiben, ohne daß ihr Einkommen 6000 RM übersteigt, wird ein Freibetrag von 2000 RM gewährt. Dieser Freibetrag wird auf die Dauer von fünf Jahren gewährt, und zwar vom 1 Januar 1946 oder vom Tage der Einreise ab, falls diese zu einem späteren Zeitpunkt erfolgt ist. Er wird nicht mehr gewährt von dem Tage ab, an dem die obenerwähnten Personen die Land- oder Forstwirtschaft aufgeben.

4. Personen, die sich nach dem 8. Mai 1945 als Landwirte niedergelassen haben und deren Einkommen 6000 RM nicht übersteigt, wird ein Freibetrag von 2000 RM gewährt, und zwar vom 1. Januar 1946 oder von dem Tage der Niederlassung ab, falls diese zu einem späteren Zeitpunkt erfolgt ist. Er wird jedoch solchen Personen nicht gewährt, die einmal ein Recht darauf hatten und sich nach Verlust dieses Rechtes aufs neue als Landwirt niedergelassen haben.

Artikel X

Steuerfreie Einkünfte

1. Die Vergünstigung der Einkommensteuerfreiheit für gewisse Einkunftsarten gemäß § 3 des Einkommensteuer-

gesetzes wird mit Ausnahme der unter Ziffer 2 aufgeführten Einkunftsarten aufgehoben.

2. Die folgenden Einkunftsarten genießen auch weiterhin Steuerbefreiung:

a) Bezüge aus der Sozialversicherung,

b) Ruhegehälter,

c) Bezüge aus der öffentlichen Fürsorge, soweit diese Bezüge von dem Kontrollrat oder dem zuständigen Zonenbefehlshaber genehmigt sind.

Artikel XI

Abzüge für Werbungskosten

1. Die folgenden Ziffern des § 9 des Einkommensteuergesetzes werden aufgehoben:

a) Ziffer 3, welche Beiträge zu Berufsständen und sonstigen Berufsverbänden, deren Zweck nicht auf einen wirtschaftlichen Geschäftsbetrieb gerichtet ist, als Werbungskosten anerkennt,

b) Ziffer 4, welche notwendige Aufwendungen des Steuerpflichtigen für Fahrten zwischen Wohnung und Arbeitsstätte als Werbungskosten anerkennt.

2. § 10 des Einkommensteuergesetzes wird folgendermaßen geändert:

a) Die Ziffern 2 und 3 des Absatzes 1, welche gewisse Arten von Sonderausgaben anführen, werden aufgehoben und durch folgende neue Ziffern ersetzt:

„2. Beiträge zu Sozialversicherungen, deren Abzug vom Lohn gesetzlich zulässig ist."

„3. Bezahlte Vermögensteuern."

b) In Absatz 2, Ziffer 3 wird der Gesamtbetrag der für Sonderausgaben zulässigen Abzüge für den Steuerpflichtigen selbst auf 300 RM im Jahr herabgesetzt. Dazu kommen je 300 RM im Jahr für seine Ehefrau und jeden Angehörigen im Sinne des § 10, Ziffer 3 bis 6 des Steueranpassungsgesetzes.

Artikel XII

Veräußerung von Betrieben

Gewinne, die aus der Veräußerung von Betrieben, von Aktien oder von Geschäftsanteilen an Gesellschaften jeder Art erzielt werden, sind, unbeschadet der Höhe dieser Gewinne, in das steuerpflichtige Reineinkommen einzubegreifen, sofern diese Gewinne unter die Paragraphen 14, 16 und 17 des Einkommensteuergesetzes fallen.

Die in den § 14 Absatz 2, § 16 Absätze 4 und 5, § 17 Absätze 3 und 4 des Einkommensteuergesetzes vorgesehenen Steuerbefreiungen werden aufgehoben.

Artikel XIII

Einkünfte aus Vermietung und Verpachtung

Jeder, der einen Mietzins bezahlt oder irgendeine Zahlung auf Grund eines Vertrages über Land, Häuser oder andere Immobilien leistet, hat dem zuständigen Finanzamt vierteljährlich eine besondere Erklärung abzugeben, aus der die gezahlten Beträge und die Zahlungsempfänger ersichtlich sind.

Artikel XIV

Außerordentliche Einkünfte

1. Außergewöhnliche Einkünfte, die die Entlohnung für eine Tätigkeit darstellen, die sich über mehrere Jahre erstreckt (§ 34 [2], Ziffer 1 des Einkommensteuergesetzes), unterliegen der Einkommensteuer zu den auf anderes Einkommen anwendbaren Sätzen. Zum Zwecke der Einkommensteuerveranlagung können diese außerordentlichen Einkünfte auf die Jahre verteilt werden, in deren Verlauf sie erzielt wurden, und als Einkommen eines jeden dieser Jahre angesehen werden, vorausgesetzt, daß die Gesamtverteilung drei Jahre nicht überschreitet.

2. Gewinne, die aus Veräußerungen im Sinne der Paragraphen 14, 16 und 17 des Einkommensteuergesetzes

stammen (d. h. gewisse Gewinne aus der Veräußerung von Betrieben, Liegenschaften, Wertpapieren, Anteilscheinen oder Schuldverschreibungen), werden nicht mehr als außerordentliche Einkünfte im Sinne des § 34 des genannten Gesetzes angesehen, sondern unterliegen der Einkommensteuer zu den auf andere Einkommen anwendbaren Sätzen.

3. § 34 des Einkommensteuergesetzes wird entsprechend geändert.

Artikel XV

Steuerabzug vom Kapitalertrag — Kapitalertragsteuer

1. Die den Dividenden der Vorzugsaktien der Reichsbahngesellschaft in § 43, Absatz 1, Ziffer 1 des Einkommensteuergesetzes und in § 1, Absatz 1, Ziffer 1 der Kapitalertragsteuerverordnung gewährte Ausnahme von der Abzugspflicht für die Kapitalertragsteuer wird aufgehoben.

2. Der Anwendungskreis des § 1 der Kapitalertragsteuerverordnung wird auf folgende Kapitalerträge ausgedehnt, die nunmehr dem Steuerabzug vom Kapitalertrag unterliegen:

a) Zinsen aus Hypotheken, Schuldverschreibungen und sonstigen Darlehen aller Aktien- oder anderen Gesellschaften, Regierungen, Körperschaften oder öffentlichen Verwaltungsstellen (mit Einschluß des Reiches, der Provinzen, der Länder, der Regierungsbezirke, der Kreise und der Gemeinden). Die Zinsen aus Kontokorrenten und kurzfristigen Bankvorschüssen fallen nicht unter diese Bestimmung. Der Kontrollrat kann Befreiungen von den Bestimmungen dieses Absatzes gewähren.

b) Von einer Bank (mit Einschluß der Postsparkassen und anderer Sparkassen) bezahlte oder gutgeschriebene Zinsen, wenn der Gesamtbetrag der Zinsen 250 RM im Jahr oder im Falle einer kürzeren Zeitdauer einen proportional herabgesetzten Betrag übersteigt.

3. Die Befreiung vom Steuerabzug, die Gesellschaften oder Körperschaften auf Grund des § 2 Absatz 1, Ziffer 2 der Kapitalertragsteuerverordnung und des § 9 des Körperschaftsteuergesetzes zuerkannt war, wird aufgehoben.

Vierter Teil — Steuerveranlagung, Vorauszahlungen und Steuererklärung

Artikel XVI

Steuererklärung — Vorauszahlungen (Einkommensteuer und Körperschaftsteuer)

1. Vorauszahlungen auf die Einkommen- und die Körperschaftsteuer sind am 10. April, 10. Juli, 10. Oktober und 10. Januar zu entrichten. § 35, Absatz 1 des Einkommensteuergesetzes wird demgemäß geändert.

2. Die Grundlage für die Berechnung der Vorauszahlungen bildet für jedes Vierteljahr das Einkommen des vorhergehenden Vierteljahres. Die Bestimmungen des § 35, Absatz 2 des Einkommensteuergesetzes und des § 24, Absatz 1 der Einkommensteuer-Durchführungsverordnung (vom 7. Dezember 1941), welche diese Vorauszahlungen auf der Grundlage der bei der vorhergehenden Veranlagung festgesetzten Besteuerung vorsehen, werde demgemäß geändert.

3. Vorbehaltlich der Ausnahmebestimmungen in Satz 2 dieses Absatzes muß jeder Steuerpflichtige gleichzeitig mit der Vorauszahlung eine „vierteljährliche Erklärung" abgeben, in der er angeben muß, wie er die Vorauszahlung berechnet hat. Land- und Forstwirten, die keine Bücher führen, sowie Personen, deren Einkommen für das vorhergehende Vierteljahr 1000 RM nicht übersteigt, brauchen diese Erklärung nicht abzugeben.

4. Spätestens am 10. März eines jeden Jahres muß der Steuerpflichtige eine Erklärung über sein Gesamteinkommen des mit dem vorhergehenden 31. Dezember abgelaufenen Kalenderjahres abgeben („jährliche Steuererklärung"). Folgende Personen brauchen diese Erklärung nicht abzugeben:

a) alle Personen, deren aus Löhnen stammendes Einkommen 24 000 RM nicht erreicht und deren sonstiges steuerpflichtiges Einkommen 600 RM im Jahre nicht übersteigt,

b) Land- und Forstwirte, die keine Bücher führen und deren nicht aus Land- und Forstwirtschaft stammendes steuerpflichtiges Einkommen 600 RM im Jahre nicht übersteigt,

c) andere Personen, deren steuerpflichtiges Einkommen 600 RM im Jahre nicht übersteigt.

§ 15 der Einkommensteuer-Durchführungsverordnung wird zwecks Durchführung der Bestimmungen dieses Absatzes entsprechend geändert.

5. Auf Grund der gemäß Artikel 4 abgegebenen jährlichen Steuererklärungen berechnet das Finanzamt neuerdings den Gesamtbetrag der Einkommensteuer und der Körperschaftsteuer für das ganze Jahr. Wenn aus dieser neuen Berechnung hervorgeht, daß ein die Einkommensteuerschuld übersteigender Betrag bezahlt worden ist, wird dieser je nach Wunsch des Steuerpflichtigen ihm entweder auf seine Steuerschuld des folgenden Jahres gutgeschrieben oder zurückgezahlt. Wenn es sich hingegen ergibt, daß eine Nachzahlung zu leisten ist, so muß diese von dem Steuerpflichtigen binnen 14 Tagen nach Mitteilung der neu errechneten Steuerschuld geleistet werden.

6. Falls die vierteljährlichen Vorauszahlungen 25 Prozent oder mehr unter dem tatsächlichen Betrag der endgültig für das Vierteljahr zu zahlenden Steuern liegen, muß der Steuerpflichtige als Strafe eine zusätzliche Steuer zahlen, die sich auf 15 Prozent der endgültig für das betreffende Vierteljahr errechneten Summe beläuft. Bei der Ermittlung, ob ein Minderbetrag von 25 Prozent oder mehr besteht, wird ein für ein Vierteljahr zuviel bezahlter Betrag dem Steuerpflichtigen für die Steuerzahlung des folgenden Vierteljahres gutgeschrieben.

7. Das Finanzamt kann nötigenfalls die Richtigkeit der von dem Steuerpflichtigen in seiner auf Grund der Ziffer 3 abgegebenen vierteljährlichen Steuererklärung

über sein Einkommen gemachten Angaben sofort nachprüfen und eine neue Berechnung der Steuerschuld vornehmen, ohne das Jahresende und die Abgabe der jährlichen Einkommensteuererklärung abzuwarten.

Fünfter Teil — Schlußbestimmungen

Artikel XVII

Aufhebung und Abänderung von Gesetzen

Jede mit dem gegenwärtigen Gesetz unvereinbare deutsche steuergesetzliche Vorschrift wird aufgehoben oder den Bestimmungen des gegenwärtigen Gesetzes entsprechend geändert.

Artikel XVIII

Zeitpunkt des Inkrafttretens der Steuersätze

Die in diesem Gesetz bestimmten Steuersätze finden ab 1. Januar 1946 Anwendung.

Ausgefertigt in Berlin, den 11. Februar 1946.

Armeekorps-General P. Koenig
Marschall der Sowjetunion G. Shukow
General Joseph McNarney
Admiral H. M. Burrough.

Anlage A

Grundtabelle zur Berechnung der Einkommensteuer im Jahre 1946 (Veranlagte Einkommensteuer)

Jahreseinkommen		Steuerbetrag
0— 600 RM	=	0 RM
600— 1 200 RM	=	11 RM
	plus 17 % des	600 RM übersteigenden Betrages
1 200— 2 400 RM	=	113 RM
	plus 25 % des	1 200 RM übersteigenden Betrages
2 400— 4 800 RM	=	413 RM
	plus 50 % des	2 400 RM übersteigenden Betrages
4 800— 9 600 RM	=	1 613 RM
	plus 55 % des	4 800 RM übersteigenden Betrages

9 600— 13 200 RM = 4 253 RM
plus 60 % des 9 600 RM übersteigenden Betrages
13 200— 15 600 RM = 6 413 RM
plus 70 % des 13 200 RM übersteigenden Betrages
15 600— 18 000 RM = 8 093 RM
plus 80 % des 15 600 RM übersteigenden Betrages
18 000— 24 000 RM = 10 013 RM
plus 85 % des 18 000 RM übersteigenden Betrages
24 000— 60 000 RM = 15 113 RM
plus 90 % des 24 000 RM übersteigenden Betrages
60 000—100 000 RM = 47 513 RM
plus 95 % des 60 000 RM übersteigenden Betrages
über 100 000 RM = 85 513 RM
plus 95 % des 100 000 RM übersteigenden Betrages

Bemerkungen:

1. Vor der Anwendung der Tabelle werden die Einkünfte aus Löhnen, Gehältern und freien Berufen entweder um 10 % oder um 1000 RM gekürzt, wobei jedoch nur die kleinere der beiden Summen abgezogen werden darf.

2. Folgende Steuerbefreiungen werden ferner vor Anwendung der Tabelle gewährt:

   für die Steuerpflichtigen der Steuerklasse II
   600 RM im Jahre
   für die Steuerpflichtigen der Steuerklasse III
   1000 RM im Jahre (1 Kind)
   für die Steuerpflichtigen der Steuerklasse III
   1400 RM im Jahre (2 Kinder)
   für die Steuerpflichtigen der Steuerklasse III
   1800 RM im Jahre (3 Kinder)
   für die Steuerpflichtigen der Steuerklasse III
   2200 RM im Jahre (4 Kinder)

   Für die anderen Steuerpflichtigen der Klasse III wird der Freibetrag für jedes Kind um 400 RM im Jahre erhöht, d. h. daß er bei fünf Kindern 2600 RM beträgt usw.

3. Die in Bemerkung 2 erwähnten Freibeträge werden nicht gewährt und die Grundtabelle wird nicht angewandt in folgenden Fällen:

für Steuerpflichtige der Klasse I, deren Einkommen 1500 RM im Jahre nicht übersteigt

für Steuerpflichtige der Klasse II, deren Einkommen 4400 RM im Jahre nicht übersteigt

für Steuerpflichtige der Klasse III, deren Einkommen 2400 RM im Jahre nicht übersteigt (1 Kind)

für Steuerpflichtige der Klasse III, deren Einkommen 3200 RM im Jahre nicht übersteigt (2 Kinder)

für Steuerpflichtige der Klasse III, deren Einkommen 3200 RM im Jahre nicht übersteigt (3 Kinder)

für Steuerpflichtige der Klasse III, deren Einkommen 3200 RM im Jahre nicht übersteigt (4 Kinder)

In diesen Fällen wird das ganze Einkommen, nach Vornahme der in Bemerkung 1 erwähnten Kürzung, um 10 % (insofern es sich um Einkünfte aus Löhnen, Gehältern oder freien Berufen handelt), nach folgenden Sätzen besteuert:

für die Steuerpflichtigen der Klasse I (Absätze 1, 2, 3 und 4) nach dem Steuersatz von 1945 für die ehemalige Gruppe I (Absätze 1, 2, 3 und 4)

für die Steuerpflichtigen der Klasse II (Absätze 1, 2, 3 und 4) nach dem Steuersatz von 1945 für die ehemalige Gruppe II (Absätze 1, 2, 3 und 4)

für die Steuerpflichtigen der Klasse III (Absätze 1, 2, 3 und 4) nach dem Steuersatz von 1945 für die ehemalige Gruppe IV (Absätze 1, 2, 3 und 4)

Dazu tritt in jedem Falle eine Erhöhung um 35 %.

4. Um dem Steuerpflichtigen die Berechnung der am 10. Januar, 10. April, 10. Juli und 10. Oktober fälligen Vorauszahlungen zu ermöglichen, werden gemäß der Grundtabelle für alle den Betrag von 4000 RM im Jahre (1000 RM im Vierteljahr) übersteigenden Einkommen Vierteljahrestabellen aufgestellt.

Anlage B

Tabelle
zur Berechnung der Lohnsteuer für das Jahr 1946

Steuerklasse I — Unverheiratete Personen

Monatslöhne		Abzuziehende Steuern
0— 83 RM	=	0 RM
84— 100 RM	=	0,58 RM dazu 14 % des Betrages über 84 RM
100— 150 RM	=	2,82 RM dazu 18 % des Betrages über 100 RM
150— 200 RM	=	11,82 RM dazu 22 % des Betrages über 150 RM
200— 250 RM	=	22,82 RM dazu 35 % des Betrages über 200 RM
250— 300 RM	=	40,82 RM dazu 40 % des Betrages über 250 RM
300— 800 RM	=	60,32 RM dazu 50 % des Betrages über 300 RM
800—1100 RM	=	310,32 RM dazu 55 % des Betrages über 800 RM
1100—1200 RM	=	475,32 RM dazu 60 % des Betrages über 1100 RM
1200—1300 RM	=	535,32 RM dazu 65 % des Betrages über 1200 RM
1300—1600 RM	=	600,32 RM dazu 75 % des Betrages über 1300 RM
1600—2000 RM	=	825,32 RM dazu 80 % des Betrages über 1600 RM
über 2000 RM		57 % des Gesamtlohnes

Steuerklasse II — Verheiratete Personen ohne Kinder

Monatslöhne		Abzuziehende Steuern
0— 94 RM	=	0 RM
95— 200 RM	=	0,85 RM dazu 15 % des Betrages über 95 RM
200— 250 RM	=	16,60 RM dazu 24 % des Betrages über 200 RM

250— 450 RM = 28,60 RM
dazu 40 % des Betrages über 250 RM
450— 850 RM = 108,60 RM
dazu 50 % des Betrages über 450 RM
850—1150 RM = 308,60 RM
dazu 55 % des Betrages über 850 RM
1150—1250 RM = 473,60 RM
dazu 60 % des Betrages über 1150 RM
1250—1350 RM = 533,60 RM
dazu 65 % des Betrages über 1250 RM
1350—1650 RM = 598,60 RM
dazu 75 % des Betrages über 1350 RM
1650—2000 RM = 823,60 RM
dazu 80 % des Betrages über 1650 RM
über 2000 RM 54 % des Gesamtlohnes

Steuerklasse III (1) — Personen mit einem Kind
Monatslöhne — Abzuziehende Steuern
0— 133 RM = 0 RM
133— 150 RM = 1,25 RM
dazu 8 % des Betrages über 133 RM
150— 233 RM = 2,53 RM
dazu 10 % des Betrages über 150 RM
233— 283 RM = 10,83 RM
dazu 23 % des Betrages über 233 RM
283— 383 RM = 22,83 RM
dazu 40 % des Betrages über 283 RM
383— 883 RM = 62,33 RM
dazu 50 % des Betrages über 383 RM
883—1183 RM = 312,33 RM
dazu 55 % des Betrages über 883 RM
1183—1283 RM = 477,23 RM
dazu 60 % des Betrages über 1183 RM
1283—1383 RM = 537,23 RM
dazu 65 % des Betrages über 1283 RM
1383—1683 RM = 602,23 RM
dazu 75 % des Betrages über 1383 RM
1683—2000 RM = 827,23 RM
dazu 80 % des Betrages über 1683 RM
über 2000 RM 55 % des Gesamtlohnes

Steuerklasse III (2) — Personen mit zwei Kindern

Monatslöhne		— Abzuziehende Steuern
0— 156 RM	=	0 RM
156— 200 RM	=	0,83 RM
		dazu 10 % des Betrages über 156 RM
200— 266 RM	=	5,18 RM
		dazu 12 % des Betrages über 200 RM
266— 316 RM	=	13,10 RM
		dazu 20 % des Betrages über 266 RM
316— 416 RM	=	23,10 RM
		dazu 40 % des Betrages über 316 RM
416— 916 RM	=	63,10 RM
		dazu 50 % des Betrages über 416 RM
916—1216 RM	=	313,10 RM
		dazu 55 % des Betrages über 916 RM
1216—1316 RM	=	478,10 RM
		dazu 60 % des Betrages über 1216 RM
1316—1416 RM	=	538,10 RM
		dazu 65 % des Betrages über 1316 RM
1416—1716 RM	=	608,10 RM
		dazu 75 % des Betrages über 1416 RM
1716—2000 RM	=	828,10 RM
		dazu 80 % des Betrages über 1716 RM
über 2000 RM		
		53 % des Gesamtlohnes

Steuerklasse III (3) — Personen mit drei Kindern

Monatslöhne		— Abzuziehende Steuern
0— 210 RM	=	0 RM
211— 300 RM	=	1,00 RM
		dazu 13 % des Betrages über 211 RM
300— 350 RM	=	12,57 RM
		dazu 20 % des Betrages über 300 RM
350— 450 RM	=	22,57 RM
		dazu 40 % des Betrages über 350 RM
450— 950 RM	=	62,57 RM
		dazu 50 % des Betrages über 450 RM
950—1250 RM	=	312,57 RM
		dazu 55 % des Betrages über 950 RM

1250—1350 RM = 477,57 RM
dazu 60 % des Betrages über 1250 RM
1350—1450 RM = 537,57 RM
dazu 65 % des Betrages über 1350 RM
1450—1750 RM = 602,57 RM
dazu 75 % des Betrages über 1450 RM
1750—2000 RM = 827,57 RM
dazu 80 % des Betrages über 1750 RM
über 2000 RM
51 % des Gesamtlohnes

Steuerklasse III (4) — Personen mit vier Kindern

Monatslöhne — Abzuziehende Steuern
0— 266 RM = 0 RM
267— 283 RM = 1,20 RM
dazu 10 % des Betrages über 267 RM
283— 383 RM = 2,80 RM
dazu 20 % des Betrages über 283 RM
383— 483 RM = 22,80 RM
dazu 40 % des Betrages über 383 RM
483— 983 RM = 62,80 RM
dazu 50 % des Betrages über 483 RM
983—1283 RM = 312,80 RM
dazu 55 % des Betrages über 983 RM
1283—1383 RM = 477,80 RM
dazu 60 % des Betrages über 1283 RM
1383—1483 RM = 537,80 RM
dazu 65 % des Betrages über 1383 RM
1483—1783 RM = 602,80 RM
dazu 75 % des Betrages über 1483 RM
1783—2000 RM = 827,80 RM
dazu 80 % des Betrages über 1783 RM
über 2000 RM
50 % des Gesamtlohnes

Steuerklasse III (5) — Personen mit fünf Kindern

Monatslöhne — Abzuziehende Steuern
0— 299 RM = 0 RM
300— 315 RM = 0,58 RM
dazu 12 % des Betrages über 300 RM

316— 366 RM	=	2,50 RM
		dazu 18 % des Betrages über 316 RM
366— 416 RM	=	11,50 RM
		dazu 22 % des Betrages über 366 RM
416— 516 RM	=	22,50 RM
		dazu 40 % des Betrages über 416 RM
516—1016 RM	=	62,50 RM
		dazu 50 % des Betrages über 516 RM
1016—1316 RM	=	312,50 RM
		dazu 55 % des Betrages über 1016 RM
1316—1416 RM	=	477,50 RM
		dazu 60 % des Betrages über 1316 RM
1416—1516 RM	=	537,50 RM
		dazu 65 % des Betrages über 1416 RM
1516—1816 RM	=	602,50 RM
		dazu 75 % des Betrages über 1516 RM
1816—2000 RM	=	827,50 RM
		dazu 80 % des Betrages über 1816 RM
über 2000 RM		
		49 % des Gesamtlohnes

Bemerkung:

1. Für Personen mit mehr als fünf Kindern werden alle für Steuerklasse III (5) angegebenen Steuerstufen für jedes Kind vom sechsten ab um 33 RM erhöht.

   Der Betrag des Steuerabzuges für 2000 RM monatlich übersteigende Löhne wird für jedes Kind vom sechsten ab um 1 % ermäßigt. Für Klasse III (6) gilt also z. B. folgende Tabelle:

   0—332 RM
   332—349 RM
   349—399 RM usw.

   Die auf 2000 RM übersteigende Löhne zu erhebende Steuer beträgt 48 %.

2. Wenn es sich um andere als monatliche Zeiträume handelt, wird der Steuersatz folgendermaßen berechnet:

Tageslohn	1/26	der Monatstabelle
Halbtagslohn . . .	1/52	„ „
Wochenlohn . . .	6/26	„ „
Halbmonatslohn . .	12/26	„ „

Anhang B

Verordnung
über landwirtschaftliche Buchführung
vom 5. Juli 1935

(Reichsgesetzbl. I S. 908, Reichssteuerbl. 1935 S. 955)

Auf Grund des § 12 der Reichsabgabenordnung in der Fassung des Steueranpassungsgesetzes vom 16. Oktober 1934 (Reichsgesetzbl. I S. 925) wird hiermit verordnet:

Beginn und Ende der Buchführungspflicht

§ 1

(1) Die Buchführungspflicht nach § 161 der Reichsabgabenordnung beginnt für Land- und Forstwirte mit dem Anfang des für die Gewinnermittlung bei der Einkommensteuer oder Körperschaftsteuer maßgebenden Wirtschaftsjahres, das auf den Zeitpunkt folgt, an dem erstmalig bei einer Veranlagung zur Einkommensteuer oder Körperschaftsteuer oder Umsatzsteuer oder bei einer Einheitswertfeststellung oder bei einem Rechtsmittelverfahren, das eine derartige Veranlagung oder Feststellung betrifft, festgestellt worden ist, daß eine der im § 161 Absatz 1 Ziffer 1 Buchstaben a oder c oder e der Reichsabgabenordnung bezeichneten Voraussetzungen vorliegt.

(2) Erstmalig für die Zeit vom 1. Juli 1935 ab sind Land- und Forstwirte buchführungspflichtig, die nach den Feststellungen, die zuletzt vor dem 1. Juli 1935 bei einer Veranlagung zur Einkommensteuer oder Körperschaftsteuer oder Umsatzsteuer oder bei einer Einheitswertfeststellung oder einem eine solche Veranlagung oder Feststellung betreffenden Rechtsmittelverfahren getroffen worden sind, eine der im § 161 Absatz 1 Ziffer 1 Buchstaben a oder c oder e der Reichsabgabenordnung bezeichneten Voraussetzungen erfüllen.

(3) Die Buchführungspflicht fällt wieder weg, wenn sich auf Grund einer Veranlagung zur Einkommensteuer, Körperschaftsteuer oder Umsatzsteuer oder auf Grund

einer Einheitswertfeststellung oder auf Grund eines eine solche Veranlagung oder Feststellung betreffenden Rechtsmittelverfahrens ergibt, daß bei dem Land- und Forstwirt keine der im § 161 Absatz 1 Ziffer 1 Buchstaben a oder c oder e der Reichsabgabenordnung bezeichneten Voraussetzungen vorgelegen hat. Der Wegfall der Buchführungspflicht wird wirksam mit dem Beginn des Wirtschaftsjahres, das auf den Zeitpunkt folgt, an dem die Feststellung getroffen worden ist.

(4) Eine Feststellung im Sinn der Absätze 1 bis 3 gilt dann als getroffen, wenn der Bescheid, der die Feststellung enthält (z. B. der Steuerbescheid, der Feststellungsbescheid, der Berichtigungsbescheid oder die Rechtsmittelentscheidung) bekanntgegeben worden ist, und zwar entweder dem Steuerpflichtigen oder einer Person, die berechtigt ist, den Bescheid für den Steuerpflichtigen entgegenzunehmen.

(5) Für den Beginn und den Wegfall der Buchführungspflicht kommt es nicht darauf an, ob die im Veranlagungsverfahren oder Feststellungsverfahren oder Rechtsmittelverfahren getroffenen Feststellungen bereits rechtskräftig geworden sind.

Ordnungsmäßigkeit der Buchführung

§ 2

(1) Der Gewinn ist auf Grund des Abschlusses der Bücher zu ermitteln, wenn der Steuerpflichtige nach den Vorschriften der §§ 161, 162 der Reichsabgabenordnung und nach den Vorschriften dieser Verordnung über den Betrieb der Land- und Forstwirtschaft ordnungsmäßige, den Gewinn nachweisende Bücher führt.

(2) Die Bücher gelten vorbehaltlich der sachlichen Richtigkeit als ordnungsmäßig, wenn sie

1. alle Betriebsvorgänge, insbesondere auch die Entnahmen und die Einlagen im Sinn des § 4 des Einkommensteuergesetzes, nach bestimmten Grundsätzen und nach der Zeitfolge geordnet, mit ihrem Geldwert ausweisen.

2. auf Grund einer jährlichen Bestandsaufnahme die Aenderungen im Wert und in der Zusammensetzung des Betriebsvermögens darstellen. Die Bestandsaufnahme braucht sich nicht auf das stehende Holz zu erstrecken.
3. den Vorschriften der nachfolgenden §§ 3 bis 5 dieser Verordnung genügen.

(3) Zu den Entnahmen im Sinn des Absatzes 2 gehört der Eigenverbrauch. Der Eigenverbrauch kann bei kleineren Betrieben von den laufenden Eintragungen ausgenommen und am Schluß jedes Monats in einem geschätzten Betrage aufgeführt werden, wenn er insbesondere durch die Angabe der Zahl der täglich verpflegten Personen näher erläutert wird. Die Oberfinanzpräsidenten setzen für ihre Bezirke Pauschsätze für den Eigenverbrauch fest und bestimmen nach Anhörung des Landesbauernführers, welche Betriebe im Sinn dieser Vorschrift als kleinere Betriebe anzusehen sind.

§ 3

Ein bestimmtes Buchführungssystem ist nicht vorgeschrieben. Ordnungsmäßig ist auch eine Buchführung, bei der die Bücher ganz oder zum Teil außerhalb des Betriebes geführt werden (Fernbuchführung). Liegt eine Fernbuchführung vor, so müssen die von dem Steuerpflichtigen im Betrieb selbst vorgenommenen Grundbuchungen (z. B. Eintragungen in das Tagebuch oder Kassenbuch, Aufzeichnungen für die Buchstelle, Wochenberichte usw.) den Regeln ordnungsmäßiger landwirtschaftlicher Buchführung entsprechen.

Zusammenstellungen und Verzeichnisse über das Vermögen, die Grundstücke und den Anbau

§ 4

(1) Unmittelbar nach Schluß des Wirtschaftsjahres sind zu fertigen:

1. ein Vermögensverzeichnis, in dem die Wirtschaftsgüter des Anlage- und Umlaufvermögens einschließ-

lich der Vorräte, Forderungen, Schulden, Barbestände u. dgl. aufzuführen sind,
2. eine Vermögenszusammenstellung.

(2) Die Betriebsgrundstücke sind nach der Nutzungsart geordnet außerhalb des Vermögensverzeichnisses gesondert in einem Grundstücksverzeichnis aufzuführen. In dem Grundstücksverzeichnis ist anzugeben, welche Grundstücke im Eigentum des Land- und Forstwirts stehen, welche Grundstücke gepachtet und welche Grundstücke verpachtet sind.

(3) Außer dem Vermögensverzeichnis und dem Grundstücksverzeichnis ist ein Anbau- und Ernteverzeichnis zu führen. Aus dem Anbau- und Ernteverzeichnis muß sich ergeben, mit welchen Fruchtarten usw. die selbstbewirtschafteten Flächen im abgelaufenen Wirtschaftsjahr bestellt waren und welche Mengenerträge sie gebracht haben.

(4) Vermögensverzeichnis, Grundstücksverzeichnis und Anbauverzeichnis können verbunden werden.

Viehregister, Naturalienregister und Lohnregister

§ 5

(1) Neben der fortlaufenden Aufzeichnung aller Betriebsvorgänge sind ein Viehregister, ein Naturalienregister und ein Lohnregister zu führen.

(2) Das Viehregister weist die Zug- und Nutzviehbestände zu Beginn des Wirtschaftsjahres, die Zugänge (Zukäufe, Geburten), die Abgänge (Verkäufe, Todesfälle, Schlachtungen) und alle sonstigen Veränderungen (Versetzungen) im Lauf des Wirtschaftsjahres und die Bestände am Schluß des Wirtschaftsjahres nach.

(3) Das Naturalienregister weist die Bestände an Erzeugnissen der verschiedenen Betriebszweige der Land- und Forstwirtschaft am Anfang des Wirtschaftsjahres, ihre Zu- und Abgänge unter Angabe ihrer Herkunft und Verwendung und die Bestände am Schluß des Wirtschaftsjahres nach.

(4) In dem Lohnregister sind laufend die Barlöhne und Sachbezüge (Deputate), die den im Betrieb be-

schäftigten Arbeitern und Arbeiterinnen gewährt werden, einzutragen.

§ 6

Die vorstehende Verordnung gilt erstmals für das landwirtschaftliche Wirtschaftsjahr 1935/36.

Anhang C

Verordnung über die Aufstellung von Durchschnittssätzen für die Ermittlung des Gewinns aus Land- und Forstwirtschaft vom 31. Dezember 1936

(Reichsgesetzbl. 1937 I S. 1, Reichssteuerbl. 1937 S. 33)

Auf Grund des § 12 der Reichsabgabenordnung und des § 29 des Einkommensteuergesetzes wird hierdurch verordnet:

§ 1

Grundsätzliche Regelung

Der Gewinn aus Land- und Forstwirtschaft wird auf Grund des Einheitswertes des land- und forstwirtschaftlichen Betriebes nach den folgenden Bestimmungen ermittelt, wenn

1. der Steuerpflichtige nicht zur Führung von Büchern verpflichtet ist,
2. ordnungsmäßige Bücher nicht geführt werden oder die Bücher sachliche Unrichtigkeiten vermuten lassen,
3. der Umsatz die von den Oberfinanzpräsidenten zu bestimmende Grenze, die auf höchstens 40 000 RM festgesetzt werden darf, nicht übersteigt.

§ 2

Gewinn

(1) Bei Ermittlung des Gewinns ist als Grundbetrag der achtzehnte Teil des maßgebenden Einheitswertes (§ 3) anzusetzen. Bei landwirtschaftlichen Betrieben,

für die bei der Einheitsbewertung der Mindestwert nach § 33 des Reichsbewertungsgesetzes vom 16. Oktober 1934 (Reichsgesetzbl. I S. 1035) und §§ 5 bis 7 der Durchführungsbestimmungen zum Reichsbewertungsgesetz vom 2. Februar 1935 (Reichsgesetzbl. I S. 81) angesetzt ist, ist der Grundbetrag um zwei vom Hundert des Wohnungswertes (§ 6 der Durchführungsbestimmungen zum Reichsbewertungsgesetz) zu vermindern.

(2) Dem Grundbetrag sind hinzuzusetzen:

1. der Wert der Arbeitsleistung des Betriebsinhabers und seiner im Betrieb tätigen Familienangehörigen (§ 4),
2. vereinnahmte Pachtzinsen (§ 5 Absatz 2).

(3) Abzusetzen sind verausgabte Pachtzinsen (§ 5 Absatz 1) und diejenigen Schuldzinsen und sonstigen dauernden Lasten (z. B. Altenteilslasten), die Betriebsausgaben sind und nicht bereits bei Feststellung des Einheitswertes berücksichtigt worden sind.

§ 3

Maßgebender Einheitswert

(1) Maßgebend für die Gewinnermittlung nach § 2 ist grundsätzlich der Einheitswert auf den letzten Feststellungszeitpunkt (Hauptfeststellungs-, Fortschreibungs- oder Nachfeststellungszeitpunkt), der vor dem Beginn des Wirtschaftsjahres liegt, für das der Gewinn zu ermitteln ist. Sind bei einer Fortschreibung oder Nachfeststellung die Umstände, die zu der Fortschreibung oder Nachfeststellung geführt haben, bereits vor Beginn des Wirtschaftsjahres eingetreten, in das der Fortschreibungs- oder Nachfeststellungszeitpunkt fällt, so ist der fortgeschriebene oder nachträglich festgestellte Einheitswert bereits für den Gewinn dieses Wirtschaftsjahres maßgebend. § 218 Absätze 2 und 4 und § 232 Absatz 2 der Reichsabgabenordnung sind anzuwenden.

(2) Beim Pächter ist für die Zwecke der Gewinnermittlung der Einheitswert des eigenen land- und forstwirtschaftlichen Betriebes um den Einheitswert für die zugepachteten land- und forstwirtschaftlich genutzten

Flächen zu erhöhen. Besteht für die zugepachteten Flächen kein besonderer Einheitswert, so ist die Erhöhung nach dem Hektarsatz zu errechnen, der bei der Einheitsbewertung für den eigenen Betrieb zugrunde gelegt worden ist. Sind zugepachtete weinbaumäßig genutzte oder zu Sonderkulturen genutzte Flächen zusammen nicht größer als ein Viertel Hektar und die übrigen zugepachteten Flächen nicht größer als zwei Hektar, so ist der Einheitswert des eigenen Betriebes nicht zu erhöhen (vgl. § 5 Absatz 1).

(3) Beim Verpächter ist für die Gewinnermittlung nach dieser Verordnung der Einheitswert des land- und forstwirtschaftlichen Betriebes um den Teil zu vermindern, der auf die verpachteten Flächen entfällt. Das gilt nicht, wenn die verpachteten weinbaumäßig genutzten oder zu Sonderkulturen genutzten Flächen zusammen nicht größer als ein Viertel Hektar und die übrigen verpachteten Flächen nicht größer als zwei Hektar sind (vgl. § 5 Absatz 2).

(4) Land- und forstwirtschaftlich genutzte Flächen eines Betriebes, die bei der Einheitsbewertung nach § 51 des Reichsbewertungsgesetzes dem Grundvermögen zugerechnet und mit dem gemeinen Wert bewertet worden sind (§ 53 Reichsbewertungsgesetz, § 44 der Durchführungsbestimmungen zum Reichsbewertungsgesetz), sind für die Gewinnermittlung nach den Vorschriften über die Bewertung des land- und forstwirtschaftlichen Vermögens zu bewerten.

§ 4

Bewertung der Arbeitsleistung.

(1) Als Wert der Arbeitsleistung des Betriebsinhabers ist mindestens ein Betrag von 1000 RM anzusetzen. Dieser Betrag erhöht sich, wenn der maßgebende Einheitswert (§ 3) 10 000 RM übersteigt. Für weibliche Betriebsinhaber beträgt der Wert der Arbeitsleistung zwei Drittel des für einen männlichen Betriebsinhaber anzusetzenden Betrages, wenn nicht die Leitung des Betriebes einer fremden Arbeitskraft übertragen ist.

(2) Bei den im Betrieb beschäftigten Familienangehörigen des Betriebsinhabers ist als Wert der Arbeitsleistung anzusetzen:

1. für männliche Familienangehörige mit Ausnahme der in Ziffer 3 bezeichneten ein Betrag in Höhe des halben ortsüblichen Arbeitslohns eines Knechtes,
2. für weibliche Familienangehörige mit Ausnahme der in Ziffer 3 bezeichneten und mit Ausnahme der Ehefrau des Betriebsinhabers ein Betrag in Höhe des halben ortsüblichen Arbeitslohns einer Magd,
3. für Kinder, die das 17. Lebensjahr vollendet haben und für die Kinderermäßigung gewährt wird, ein Betrag in Höhe des vollen ortsüblichen Arbeitslohns eines volljährigen Knechtes oder einer volljährigen Magd.

Die Arbeitsleistung von Kindern unter 14 Jahren bleibt außer Betracht. Maßgebend für die Frage, ob ein Kind das 17. oder das 14. Lebensjahr vollendet hat, ist der Beginn des Wirtschaftsjahres.

(3) Als Familienangehörige im Sinn des Absatzes 2 gelten Verwandte und Verschwägerte des Betriebsinhabers in gerader Linie und Stiefkinder, Adoptivkinder, Pflegekinder, Stiefeltern, Adoptiveltern und Pflegeeltern.

(4) Sind die in den Absätzen 1 und 2 bezeichneten Personen nicht voll im Betrieb beschäftigt, so ist ein der Beschäftigung entsprechender Teil des nach den Absätzen 1 und 2 maßgebenden Wertes der Arbeitsleistung anzusetzen.

(5) Die Arbeitsleistung der Ehefrau des Betriebsinhabers ist mit 400 RM zu bewerten. Dieser Betrag vermindert sich entsprechend, wenn weniger als die halbe Arbeitskraft der Ehefrau dem Betrieb gewidmet ist.

(6) Die näheren Bestimmungen über die für die Arbeitsleistung des Betriebsinhabers und seiner Familienangehörigen anzusetzenden Beträge treffen die Oberfinanzpräsidenten.

§ 5

Pachtzinsen

(1) Sind in den Pachtzinsen Steuern und sonstige bei Feststellung des Einheitswertes bereits berücksichtigte Lasten enthalten, die der Verpächter zu leisten hat, so sind nur die um diese Leistung verminderten Pachtzinsen (reine Pachtzinsen) abzugsfähig. Soweit die reinen Pachtzinsen den achtzehnten Teil des Einheitswertes des gepachteten Betriebes oder des auf die zugepachteten Flächen entfallenden Einheitswertes übersteigen, sind sie nicht abzugsfähig. Sind zugepachtete weinbaumäßig genutzte oder zu Sonderkulturen genutzte Flächen zusammen nicht größer als ein Viertel Hektar und die übrigen zugepachteten Flächen nicht größer als zwei Hektar, so dürfen Pachtzinsen nicht abgezogen werden (vgl. § 3 Absatz 2).

(2) Ist der Gewinn des Verpächters nach dieser Verordnung zu ermitteln, so sind die vereinnahmten reinen Pachtzinsen dem nach § 2, § 3 Absatz 3 für den selbstbewirtschafteten Betrieb ermittelten Gewinn nur dann hinzuzurechnen, wenn sie nach § 21 Absatz 3 des Einkommensteuergesetzes zu den Einkünften aus Land- und Forstwirtschaft gehören. Sind verpachtete weinbaumäßig genutzte oder zu Sonderkulturen genutzte Flächen zusammen nicht größer als ein Viertel Hektar und die übrigen verpachteten Flächen nicht größer als zwei Hektar, so bleiben die Pachtzinsen bei Ermittlung der Einkünfte des Verpächters außer Ansatz (vgl. § 3 Absatz 3).

§ 6

Altenteilslasten

Für Altenteilslasten können die Oberfinanzpräsidenten Pauschbeträge festsetzen.

§ 7

Zuschläge

Für nachhaltige Betriebseinnahmen, die bei Feststellung des Einheitswertes nicht oder nach den tatsächlichen Verhältnissen nicht hinreichend berücksichtigt worden sind (z. B. Einnahmen aus Fuhrleistungen, aus Sonderkulturen und Nebenbetrieben), sind Zuschläge zu dem nach den vorstehenden Bestimmungen ermittelten Gewinn zu machen, wenn diese Einnahmen jährlich insgesamt 500 RM oder mehr betragen. Die näheren Bestimmungen treffen die Oberfinanzpräsidenten.

§ 8

Geltungsbereich

(1) Die Bestimmungen dieser Verordnung sind anzuwenden auf Betriebe, die bei der Einheitsbewertung als landwirtschaftliche Betriebe bewertet worden sind. Das gilt vorbehaltlich des Absatzes 2 auch dann, wenn zu dem Betrieb außer landwirtschaftlich genutzten Flächen noch andere Betriebsteile gehören, die bei der Einheitsbewertung gesondert bewertet worden sind (z. B. forstwirtschaftlich genutzte Grundstücksflächen, weinbaumäßig genutzte Grundstücksflächen).

(2) Gehören zu einem landwirtschaftlichen Betrieb forstwirtschaftlich oder weinbaumäßig genutzte Grundstücksflächen und entfällt auf die forstwirtschaftlich genutzten Flächen mehr als 10 vom Hundert des gesamten Einheitswertes des Betriebes, mindestens aber ein Teileinheitswert von 5000 RM, oder auf die weinbaumäßig genutzten Flächen mehr als 30 vom Hundert des gesamten Einheitswertes des Betriebes, so ist der Gewinn aus den forstwirtschaftlich oder weinbaumäßig genutzten Flächen nach näherer Bestimmung der Oberfinanzpräsidenten besonders zu ermitteln. Für die anderen Teile des Betriebes gilt die Verordnung.

(3) Die Bestimmungen dieser Verordnung sind nicht anzuwenden auf Betriebe, die bei der Einheitsbewertung nicht als landwirtschaftliche Betriebe behandelt worden sind (z. B. Betriebe, die bei der Einheitsbewertung als Forstbetriebe, Weinbaubetriebe usw. behandelt sind). Gehören zu diesen Betrieben auch landwirtschaftlich genutzte Grundstücksflächen, so ist der Betriebsgewinn, der auf diese Flächen entfällt, nach den Bestimmungen dieser Verordnung zu ermitteln. Im übrigen wird der Gewinn dieser Betriebe nach näherer Bestimmung der Oberfinanzpräsidenten ermittelt.

(4) Von der Gewinnermittlung nach dieser Verordnung können nach näherer Bestimmung der Oberfinanzpräsidenten auch solche Betriebe ausgenommen werden, die bei der Einheitsbewertung zwar als landwirtschaftliche Betriebe behandelt worden sind bei denen aber infolge ihrer betriebswirtschaftlichen Eigenart die Gewinnermittlung nach dieser Verordnung zu offenbar unrichtigen Ergebnissen führen würde, z. B. die Gräserbetriebe in den Marschgebieten und die Rieselfelderbetriebe.

§ 9

Geltungsdauer der Gewinnermittlung

(1) Der nach dieser Verordnung ermittelte Gewinn ist grundsätzlich für alle Wirtschaftsjahre zugrunde zu legen, für die derselbe Einheitswert nach § 3 Absatz 1 maßgebend bleibt. Er wird bei gleichbleibendem Einheitswert nur dann neu ermittelt, wenn Veränderungen im Betrieb auftreten, die den nach dieser Verordnung zu ermittelnden Gewinn nachhaltig wesentlich beeinflussen. Wesentlich in diesem Sinn ist eine Beeinflussung nur dann, wenn der neu zu ermittelnde Gewinn von dem bisher zugrunde gelegten Gewinn um mindestens 500 Reichsmark abweicht. Veränderungen, die zu einer Herabsetzung des Gewinns führen, werden nur auf Antrag berücksichtigt. Der Antrag ist bis zum Ablauf der Frist für die Abgabe der Einkommensteuererklärung zu stellen.

(2) Betriebseinnahmen, die neben den nachhaltigen Einnahmen nur in einzelnen Jahren erzielt werden, z. B. Einnahmen für Lohnfuhren, die in andern Jahren nicht oder nur in geringer Höhe erzielt werden, sind durch Sonderzuschläge zu dem sonst nach dieser Verordnung sich ergebenden Gewinn für das einzelne Jahr zu berücksichtigen, wenn dadurch der Gewinn mindestens um 500 RM erhöht wird.

§ 10

Geltungsdauer der Steuerfestsetzung

(1) Steuerpflichtige, die nur Einkünfte aus Land- und Forstwirtschaft oder neben diesen Einkünften nur nicht-

steuerabzugspflichtige Einkünfte von nicht mehr als 500 RM beziehen, haben die Einkommensteuer, die im Anschluß an die Gewinnermittlung nach dieser Verordnung festgesetzt wird, grundsätzlich für alle Jahre zu entrichten, für die derselbe Gewinn maßgebend bleibt (§ 9). Die Steuer wird in Höhe eines Viertels der Jahressteuerschuld am 10. März und 10. Juni und in Höhe der Hälfte der Jahressteuerschuld am 10. Dezember desjenigen Jahres fällig, für das die Steuer zu entrichten ist. Sind bei der Steuerfestsetzung oder bei Aenderungen der Steuerfestsetzung (Absatz 2) hiernach bereits Steuerbeträge fällig geworden für die Zeit, für die die Steuerfestsetzung gilt, so sind zuwenig entrichtete Beträge innerhalb eines Monats nach Bekanntgabe der Steuerfestsetzung oder geänderten Steuerfestsetzung nachzuzahlen und etwa zuviel gezahlte Beträge durch Rückzahlung oder Aufrechnung auszugleichen.

(2) Die Einkommensteuer wird bei gleichbleibendem Gewinn für die im Absatz 1 bezeichneten Steuerpflichtigen nur dann neu festgesetzt, wenn Umstände eintreten, die eine höhere oder niedrigere Festsetzung der Steuer auch für die folgenden Jahre begründen, insbesondere Aenderungen im Familienstand, z. B. Verheiratung des Steuerpflichtigen und Geburt oder Tod eines Kindes. Umstände, die zu einer Herabsetzung der Steuer führen, werden nur auf Antrag berücksichtigt. Der Antrag ist bis zum Ablauf der Frist für die Abgabe der Einkommensteuererklärung zu stellen.

(3) Besondere wirtschaftliche Verhältnisse (§ 33 des Einkommensteuergesetzes), die die steuerliche Leistungsfähigkeit des Steuerpflichtigen nur für einzelne Jahre wesentlich beeinträchtigen, z. B. außerordentliche Belastung durch Krankheit, Todesfall oder Unglücksfall, werden auf Antrag nur für das in Betracht kommende Jahr durch Ermäßigung der Einkommensteuer berücksichtigt. Der Antrag ist bis zum Ablauf der Frist für die Abgabe der Einkommensteuererklärung zu stellen.

§ 11

Steuererlaß in außergewöhnlichen Fällen

Treten außergewöhnliche Umstände auf, die den Gewinn nur in einzelnen Jahren beeinflussen, z. B. Mißernten, Viehseuchen und sonstige Schäden infolge höherer Gewalt, so kann die Steuer ganz oder zum Teil erlassen werden. Die Oberfinanzpräsidenten bestimmen, ob und für welche Bezirke solche außergewöhnlichen Umstände vorliegen. Sie können auch Richtlinien über den Umfang des Steuererlasses aufstellen.

§ 12

Inkrafttreten

(1) Diese Verordnung gilt erstmalig für die Veranlagung für das Kalenderjahr 1936.

(2) Für das Saarland ist abweichend von § 3 dieser Verordnung der auf den 1. Januar 1936 festgestellte Einheitswert für die Gewinnermittlung für das Wirtschaftsjahr 1935/36 maßgebend.

Anhang D

Gesetz über die Erhebung einer Abgabe der Aufsichtsratsmitglieder vom 28. März 1934

(Reichsgesetzbl. I S. 253, Reichssteuerbl. 1934 S. 369) unter Berücksichtigung der Aenderungen auf Grund des Gesetzes zur Aenderung des Einkommensteuergesetzes vom 17. Februar 1939 (Reichsgesetzbl. I S. 283, Reichssteuerbl. 1939 S. 305).

Die Reichsregierung hat das folgende Gesetz beschlossen, das hierdurch verkündet wird:

§ 1

(1) Mitglieder des Aufsichtsrats (Verwaltungsrats) von Aktiengesellschaften, Kommanditgesellschaften auf Aktien, Berggewerkschaften, Gesellschaften mit be-

schränkter Haftung und sonstigen Kapitalgesellschaften, Genossenschaften und Personenvereinigungen des privaten und des öffentlichen Rechts, bei denen die Gesellschafter nicht als Unternehmer (Mitunternehmer) anzusehen sind, unterliegen mit Vergütungen jeder Art, die ihnen von den genannten Unternehmungen für die Ueberwachung der Geschäftsführung nach dem 31. März 1934 gewährt werden (Aufsichtsratsvergütungen), einer Abgabe in Höhe von zwanzig vom Hundert (Abgabe der Aufsichtsratsmitglieder).

(2) Die Abgabe wird nicht erhoben, wenn die Vergütung für das einzelne Aufsichtsratsmitglied den Jahresbetrag von 100 Reichsmark nicht übersteigt.

§ 2

Die Abgabe wird im Steuerabzugsverfahren erhoben. Die Verordnung über den Steuerabzug von Aufsichtsratsvergütungen vom 30. März 1933 (Reichsgesetzbl. I S. 155)*) findet Anwendung.

*) An die Stelle der Verordnung vom 30. März 1933 ist für die Aufsichtsratsvergütungen, die den Aufsichtsratsmitgliedern nach dem 31. Dezember 1934, aber vor dem 1. April 1939 zugeflossen sind, die Verordnung über den Steuerabzug von Aufsichtsratsvergütungen vom 6. Februar 1935 (Reichsgesetzbl. I S. 161, Reichssteuerbl. 1935 S. 216) und für die Aufsichtsratsvergütungen, die den Aufsichtsratsmitgliedern nach dem 31. März 1939 zufließen, die folgende Verordnung über den Steuerabzug von Aufsichtsratsvergütungen vom 31. März 1939 getreten.

§ 3

Die Abgabe der Aufsichtsratsmitglieder fließt ausschließlich dem Reich zu.

Anhang E

Verordnung über den Steuerabzug von Aufsichtsratsvergütungen vom 31. März 1939

(Reichsgesetzbl. I S. 691, Reichssteuerbl. 1939 S. 521).

Zur Durchführung des Gesetzes über die Erhebung einer Abgabe der Aufsichtsratsmitglieder vom 28. März 1934 (Reichsgesetzbl. I S. 253) in der Fassung der Vorschriften in § 3 und im § 4 Absatz 2 des Gesetzes zur Aenderung des Einkommensteuergesetzes vom 17. Februar 1939 (Reichsgesetzbl. I S. 283) und zur Durchführung des Einkommensteuergesetzes vom 27. Februar 1939 (Reichsgesetzbl. I S. 297) wird auf Grund der §§ 12 und 13 der Reichsabgabenordnung hierdurch verordnet:

§ 1

(1) Inländische Aktiengesellschaften, Kommanditgesellschaften auf Aktien, Berggewerkschaften, Gesellschaften mit beschränkter Haftung und sonstige Kapitalgesellschaften, Genossenschaften und Personenvereinigungen des privaten und des öffentlichen Rechts, bei denen die Gesellschafter nicht als Unternehmer (Mitunternehmer) anzusehen sind, und ähnliche Unternehmen haben von Vergütungen jeder Art, die sie an die zur Ueberwachung der Geschäftsführung bestimmten Personen, insbesondere an Mitglieder des Aufsichtsrats, des Grubenvorstandes, des Gewerkschaftsrats, des Verwaltungsrats (Aufsichtsratsmitglieder) gewähren (Aufsichtsratsvergütungen), einen Steuerabzug in Höhe der im § 3 bezeichneten Hundertsätze für Rechnung des Aufsichtsratsmitgliedes vorzunehmen.

(2) Inländisch sind solche Unternehmen, die ihre Geschäftsleitung oder ihren Sitz im Inland haben.

(3) Ein Steuerabzug nach dieser Verordnung ist nicht vorzunehmen, wenn die Vergütung für das einzelne Aufsichtsratsmitglied den Jahresbetrag von einhundert Reichsmark nicht übersteigt.

§ 2

(1) Dem Steuerabzug unterliegt der volle Betrag der Aufsichtsratsvergütungen ohne jeden Abzug. Werden Reisekosten (Tagegelder und Fahrtauslagen) besonders gewährt, so gehören sie zu den Aufsichtsratsvergütungen nur insoweit, als sie die tatsächlichen Auslagen übersteigen.

(2) Die Aufsichtsratsvergütungen unterliegen dem Steuerabzug ohne Rücksicht darauf, ob das Aufsichtsratsmitglied verpflichtet ist, sie an eine andere Stelle abzuführen.

§ 3

(1) Bei unbeschränkt steuerpflichtigen Aufsichtsratsmitgliedern wird durch den Steuerabzug nur die Abgabe der Aufsichtsratsmitglieder erhoben. Der Steuerabzug beträgt:

20 vom Hundert der Aufsichtsratsvergütung, wenn der Empfänger die Steuer trägt,

25 vom Hundert des an das Aufsichtsratsmitglied tatsächlich ausgezahlten Betrages, wenn das Unternehmen die Steuer übernimmt.

(2) Bei beschränkt steuerpflichtigen Aufsichtsratsmitgliedern wird durch den Steuerabzug neben der Abgabe der Aufsichtsratsmitglieder auch Einkommensteuer erhoben. Der Steuerabzug beträgt:

28 vom Hundert der Aufsichtsratsvergütung, wenn der Empfänger die Steuer trägt,

38,88 vom Hundert des an das Aufsichtsratsmitglied tatsächlich ausgezahlten Betrages, wenn das Unternehmen die Steuern übernimmt.

§ 4

Steuerschuldner ist beim Steuerabzug von Aufsichtsratsvergütungen das Aufsichtsratsmitglied. Das Unternehmen haftet aber dem Reich für die Einbehaltung und Abführung der Steuern. Das Aufsichtsratsmitglied (Steuerschuldner) wird nur in Anspruch genommen,

1. wenn das Unternehmen die Aufsichtsratsvergütung nicht vorschriftsmäßig gekürzt hat, oder
2. wenn das Aufsichtsratsmitglied weiß, daß das Unternehmen die einbehaltenen Steuern nicht vorschriftsmäßig abgeführt hat (§ 5 Absatz 3) und dies dem Finanzamt nicht unverzüglich mitteilt.

§ 5

(1) Das Unternehmen hat den Steuerabzug in dem Zeitpunkt vorzunehmen, in dem die Aufsichtsratsvergütung dem Aufsichtsratsmitglied zufließt. Das Unternehmen hat den Steuerabzug auch dann vorzunehmen, wenn das Aufsichtsratsmitglied die Aufsichtsratsvergütung nicht einfordert.

(2) Das Unternehmen hat dem für seine Einkommensbesteuerung zuständigen Finanzamt innerhalb einer Woche nach dem Zeitpunkt, in dem die Aufsichtsratsvergütung dem Aufsichtsratsmitglied zugeflossen ist, eine Anmeldung nach dem beigefügten Muster zu übersenden. Die Anmeldung muß von einem zur Vertretung des Unternehmens Berechtigten unterschrieben sein. Vordrucke zu Anmeldungen werden den Unternehmen auf Antrag vom Finanzamt kostenlos geliefert.

(3) Das Unternehmen hat die einbehaltenen Steuern unter der Bezeichnung „Steuerabzug von Aufsichtsratsvergütungen" innerhalb der im Absatz 2 bezeichneten Frist an das Finanzamt (Finanzkasse) abzuführen.

§ 6

(1) Das Unternehmen hat die Aufsichtsratsvergütungen besonders aufzuzeichnen. Aus den Aufzeichnungen müssen ersichtlich sein: Name und Wohnung des Aufsichtsratsmitgliedes, Höhe der Aufsichtsratsvergütung, Tag, an dem die Vergütung dem Aufsichtsratsmitglied zugeflossen ist, Höhe der einbehaltenen Steuern und Zeitpunkt der Abführung der Steuern.

(2) Bei der Veranlagung zur Körperschaftsteuer und bei örtlichen Prüfungen (Betriebsprüfung, Lohnsteueraußenprüfung usw.), die bei den Unternehmen vorgenommen werden, ist auch zu prüfen, ob der Steuerabzug ordnungsmäßig vorgenommen ist und die einbehaltenen Steuern richtig und rechtzeitig abgeführt worden sind.

§ 7

(1) Die Abgabe der Aufsichtsratsmitglieder ist bei unbeschränkt und bei beschränkt steuerpflichtigen Aufsichtsratsmitgliedern durch den Steuerabzug abgegolten.

(2) Die Einkommensteuer für die Aufsichtsratsvergütung ist bei beschränkt steuerpflichtigen Aufsichtsratsmitgliedern abgegolten, wenn die von dem einzelnen Unternehmen an das beschränkt steuerpflichtige Aufsichtsratsmitglied gezahlte Aufsichtsratsvergütung im Kalenderjahr den Betrag von 5 300 RM nicht erreicht. Andernfalls ist das Aufsichtsratsmitglied zur Einkommensteuer zu veranlagen.

§ 8

(1) Im Fall der Veranlagung des Aufsichtsratsmitglieds zur Einkommensteuer wird bei der Ermittlung der Einkünfte die um die einbehaltene Abgabe der Aufsichtsratsmitglieder gekürzte Vergütung angesetzt. Das ist bei unbeschränkt steuerpflichtigen Aufsichtsratsmitgliedern der tatsächlich ausgezahlte Betrag, bei beschränkt steuerpflichtigen Aufsichtsratsmitgliedern der tatsächlich ausgezahlte Betrag zuzüglich 11,11 vom Hundert.

(2) Bei beschränkt steuerpflichtigen Aufsichtsratsmitgliedern wird die durch Steuerabzug einbehaltene Einkommensteuer (§ 3 Absatz 2) auf die veranlagte Einkommensteuerschuld angerechnet. Die anzurechnende Einkommensteuer beträgt:

8 vom Hundert der Aufsichtsratsvergütung, wenn das Aufsichtsratsmitglied die Steuer trägt,

11,11 vom Hundert des an das Aufsichtsratsmitglied ausgezahlten Betrags, wenn das Unternehmen die Steuer übernommen hat.

(3) Die Abgabe der Aufsichtsratsmitglieder wird weder bei unbeschränkt noch bei beschränkt steuerpflichtigen Aufsichtsratsmitgliedern auf die Einkommensteuerschuld angerechnet.

§ 9

Die Verordnung tritt an die Stelle der Verordnung über den Steuerabzug von Aufsichtsratsvergütungen vom 6. Februar 1935 (Reichsgesetzbl. I S. 161). Sie gilt für die Aufsichtsratsvergütungen, die den Aufsichtsratsmitgliedern von Unternehmen, deren Geschäftsleitung oder Sitz sich im Altreichsgebiet befindet, nach dem 31. März 1939 zufließen.

Anlage
(Zu § 5 Absatz 2)

Finanzamt ....
K-..............
Steuernummer

Anmeldung über den Steuerabzug von Aufsichtsratsvergütungen der Firma..
....
(Ort der Geschäftsleitung oder Sitz)
....
(Straße, Hausnummer)

Wir haben — gezahlt — gutgeschrieben — *):

a) Aufsichtsratsvergütungen an unbeschränkt steuerpflichtige Aufsichtsratsmitglieder für das Kalender-(Wirtschafts-)jahr 19........ ....RM
die Zeit vom / 19........ bis / 19........

b) Aufsichtsratsvergütungen an beschränkt steuerpflichtige Aufsichtsratsmitglieder für das Kalender-(Wirtschafts-)jahr 19........ ....RM
die Zeit vom / 19........ bis / 19........

zusammen ....RM

Ueber die Aufsichtsratsvergütungen der einzelnen Aufsichtsratsmitglieder sind umseitig die erforderlichen Angaben gemacht.

Die Aufsichtsratsvergütungen sind laut Beschluß................ .... vom.......................................19........ zugeflossen:
am...19........
oder infolge einer Vorausleistung am.................................19........*).

Der Betrag von
20 v.H. (25 v.H.**)) der Aufsichtsratsvergütungen zu
28 v.H. (38,88 v.H.**)) der Aufsichtsratsvergütungen zu

a= ....RM ....Rpf.
b= ....RM ....Rpf.

zusammen ....RM ....Rpf.

ist einbehalten und am.......................................19........ an das Finanzamt (Finanzkasse) ....
(Hier ist der Zahlungsweg anzugeben)
abgeführt worden.

Der Steuerabzug ist gemäß § 1 Absatz 3 der Verordnung über den Steuerabzug von Aufsichtsratsvergütungen vom 31. März 1939 (Reichsgesetzbl. I S. 691) bei Aufsichtsratsvergütungen von insgesamt ....RM unterblieben, weil die Vergütung für das einzelne Aufsichtsratsmitglied den Jahresbetrag von 100 RM nicht überstiegen hat.

Wir versichern, die Angaben nach bestem Wissen und Gewissen gemacht zu haben.

...., ...19.......

....
(Firma)

....
(Unterschrift)

An das Finanzamt

....

*) Nichtzutreffendes ist zu streichen.
**) Bei Uebernahme der Steuer durch das Unternehmen.

Anmeldung über den Steuerabzug von Aufsichtsratsvergütungen.

Lfde. Nr.	Vor- und Zuname (des einzelnen Aufsichtsratsmitgliedes)	Wohnort, Straße und Hausnummer (des einzelnen Aufsichtsratsmitgliedes)	Höhe der gezahlten Aufsichtsratsvergütungen (ohne jeden Abzug)	Höhe der gezahlten Reisekosten (Tagegelder u. Fahrtauslagen), soweit sie die tatsächlichen Auslagen übersteigen *)	Höhe des Steuerabzuges		
			RM	RM	v.H	RM	Rpf
1	2	3	4	5	6	7	
		Insgesamt					

*) Weitere Ergänzungen und Bemerkungen auf besonderer Anlage

Anhang F

Verordnung über die Bemessung des Nutzungswerts der Wohnung im eigenen Einfamilienhaus

vom 26. Januar 1937

(Reichsgesetzbl. I S. 99, Reichssteuerbl. 1937 S. 161)

Auf Grund des § 12 der Reichsabgabenordnung und des § 29 Absatz 3 des Einkommensteuergesetzes wird hierdurch verordnet:

§ 1

Grundsätzliche Regelung

Bei der Ermittlung der Einkünfte aus Vermietung und Verpachtung (§ 21 des Einkommensteuergesetzes) wird der Nutzungswert der Wohnung im eigenen Einfamilienhaus im Sinn des § 32 Absatz 1 Ziffer 4 der Durchführungsbestimmungen zum Reichsbewertungsgesetz vom 2. Februar 1935 (Reichsgesetzbl. I S. 81) auf Grund des Einheitswerts des Grundstücks nach den Bestimmungen in den §§ 2 bis 4 bemessen.

§ 2

Nutzungswert

I. Als Grundbetrag für den Nutzungswert der Wohnung im eigenen Einfamilienhaus einschließlich der zugehörigen sonstigen Räume und Gärten (§ 21 Absatz 2 des Einkommensteuergesetzes) sind die folgenden Hundertsätze des maßgebenden Einheitswerts des Grundstücks (§ 3) anzusetzen:

1. 3 vom Hundert, wenn das Gebäude vor dem 1. Januar 1925 bezugsfertig geworden ist,
2. $3^1/_2$ vom Hundert, wenn das Gebäude nach dem 31. Dezember 1924 bezugsfertig geworden ist.

II. Von dem Grundbetrag sind bis zu seiner Höhe die Schuldzinsen abzusetzen, die mit der Nutzung des Grundstücks zu Wohnzwecken in wirtschaftlichem Zusammenhang stehen.

§ 3

Maßgebender Einheitswert

I. Maßgebend ist der Einheitswert für den letzten Feststellungszeitpunkt (Hauptfeststellungs-, Fortschreibungs- oder lenderjahrs liegt oder mit dem Beginn des Kalenderjahrs zusammenfällt, für das der Nutzungswert der Wohnung zu ermitteln ist. Ist das Einfamilienhaus erst innerhalb des Kalenderjahrs bezugsfertig geworden, für das der Nutzungswert zu ermitteln ist, so ist der Einheitswert maßgebend, der zuerst für das Einfamilienhaus festgestellt wird. § 218 Absätze 2 und 4 und § 232 Absatz 2 der Reichsabgabenordnung sind anzuwenden.

II. Dient das Grundstück teilweise eigenen oder fremden gewerblichen, beruflichen oder öffentlichen Zwecken (§ 32 Absatz 1 Ziffer 4 letzter Satz der Durchführungsbestimmungen zum Reichsbewertungsgesetz), so vermindert sich der maßgebende Einheitswert um den Teil, der auf den gewerblich, beruflich oder öffentlich genutzten Teil des Grundstücks entfällt.

§ 4

Geltungsbereich

Die Bestimmungen dieser Verordnung sind nur auf Einfamilienhäuser anzuwenden, bei denen die gesamte Grundfläche nicht größer als das Zwanzigfache der bebauten Grundfläche ist. Auch wenn hiernach die Verordnung nicht anzuwenden ist, ist der Einkommensteuer mindestens ein Betrag zugrunde zu legen, der sich bei Anwendung der Verordnung nach § 2 ergeben würde, wenn die gesamte Grundfläche nicht größer als das Zwanzigfache der bebauten Grundfläche wäre.

§ 5

Inkrafttreten

Die Verordnung gilt erstmalig für die Einkommensteuerveranlagung für das Kalenderjahr 1936.

Berlin, den 26. Januar 1937.

Anhang G

Lohnsteuerdurchführungsbestimmungen 1939 (LStDB)
vom 10. März 1939
(Reichsgesetzbl. I S. 449)

Auf Grund der §§ 12 und 13 der Reichsabgabenordnung und des § 31 Ziffer 2, § 33, § 39 Absatz 8, § 50 Absatz 4 des Einkommensteuergesetzes wird für den Steuerabzug vom Arbeitslohn (Lohnsteuer) hierdurch verordnet:

A. Arbeitnehmer, Arbeitgeber, **Arbeitslohn** (§§ 1 bis 6)

§ 1

Arbeitnehmer, Arbeitgeber (§ 1 Absatz 1, § 2 Absatz 3 Ziffer 4, § 19 EStG, § 14 Absätze 2, 3 StAnpG)

I. Arbeitnehmer, die im Inland einen Wohnsitz oder ihren gewöhnlichen Aufenthalt haben oder die wie Personen behandelt werden, die ihren gewöhnlichen Aufenthalt im Inland haben (§ 38), sind unbeschränkt lohnsteuerpflichtig. Die beschränkte Lohnsteuerpflicht richtet sich nach § 39 Absatz 1 Ziffer 2, § 40.

II. Arbeitnehmer sind Personen, die in öffentlichen oder privatem Dienst angestellt oder beschäftigt sind oder waren und die aus diesem Dienstverhältnis oder einem früheren Dienstverhältnis Arbeitslohn beziehen. Arbeitnehmer sind auch die Rechtsnachfolger dieser Personen, soweit sie Arbeitslohn aus dem früheren Dienstverhältnis ihres Rechtsvorgängers beziehen.

III. Ein Dienstverhältnis (Absatz 2) liegt vor, wenn der Angestellte (Beschäftigte) dem Arbeitgeber (öffentliche Körperschaft, Unternehmer, Haushaltsvorstand) seine Arbeitskraft schuldet. Dies ist der Fall, wenn die tätige Person in der Betätigung ihres geschäftlichen Willens unter der Leitung des Arbeitgebers steht oder im geschäftlichen Organismus des Arbeitgebers dessen Weisungen zu folgen verpflichtet ist.

IV. Arbeitnehmer ist nicht, wer Lieferungen oder sonstige Leistungen innerhalb der von ihm selbständig ausgeübten gewerblichen oder beruflichen Tätigkeit im Inland gegen Entgelt ausführt, soweit es sich um die Entgelte für diese Lieferungen und sonstige Leistungen handelt (umsatzsteuerpflichtige Entgelte).

§ 2

Arbeitslohn (§ 2 Absatz 3 Ziffer 4, §§ 8, 19, 24 EStG)

I. Arbeitslohn sind alle Einnahmen, die dem Arbeitnehmer aus dem Dienstverhältnis oder einem früheren Dienstverhältnis zufließen. Einnahmen sind alle Güter, die in Geld oder Geldeswert bestehen. Es ist gleichgültig, ob es sich um einmalige oder laufende Einnahmen handelt, ob ein Rechtsanspruch auf sie besteht und unter welcher Bezeichnung oder Form sie gewährt werden.

II. Zum Arbeitslohn gehören:

1. Gehälter, Löhne, Provisionen, Gratifikationen, Tantiemen und andere Bezüge und Vorteile aus einem Dienstverhältnis;
2. Wartegelder, Ruhegelder, Witwen- und Waisengelder und andere Bezüge und Vorteile für eine frühere Dienstleistung, gleichgültig, ob sie dem zunächst Bezugsberechtigten oder seinem Rechtsnachfolger zufließen. Bezüge, die ganz oder teilweise auf früheren Beitragsleistungen des Bezugsberechtigten oder seines Rechtsvorgängers beruhen, gehören nicht zum Arbeitslohn.

III. Zum Arbeitslohn gehören auch:

1. unbeschadet der Vorschrift des § 6 Ziffern 7 und 8 Entschädigungen, die dem Arbeitnehmer oder seinem Rechtsnachfolger als Ersatz für entgangenen oder entgehenden Arbeitslohn oder für die Aufgabe oder Nichtausübung einer Tätigkeit gewährt werden,
2. Ausgaben, die ein Arbeitgeber leistet, um einen Arbeitnehmer oder diesem nahestehende Personen für den Fall der Krankheit, der Invalidität, des Alters oder des Todes sicherzustellen (Zukunftssicherung), auch wenn auf die Leistungen aus der Zukunftssicherung kein Rechtsanspruch besteht. Voraussetzung ist, daß der Arbeitnehmer der Zukunftssicherung aus-

drücklich oder stillschweigend zustimmt. Ist bei Zukunftssicherung für mehrere Arbeitnehmer oder diesen nahestehende Personen (Sammelversicherung, Pauschalversicherung) der für den einzelnen Arbeitnehmer geleistete Teil der Ausgaben nicht in anderer Weise zu ermitteln, so sind die Ausgaben nach der Zahl der gesicherten Arbeitnehmer auf diese aufzuteilen. Nicht zum Arbeitslohn gehören Ausgaben für die Zukunftssicherung, die auf Grund gesetzlicher Verpflichtung geleistet werden oder die nur dazu dienen, dem Arbeitgeber die Mittel zur Leistung einer dem Arbeitnehmer zugesagten Versorgung zu verschaffen (Rückdeckung des Arbeitgebers),

3. besondere Zuwendungen, die auf Grund des Dienstverhältnisses oder des früheren Dienstverhältnisses gewährt werden, z. B. Krankengeldzuschüsse,
4. besondere Entlohnungen für Dienste, die über die regelmäßige Arbeitszeit hinaus geleistet werden, z. B. Entlohnungen für Ueberstunden, Ueberschichten, Sonntagsarbeit,
5. Lohnzuschläge, die wegen der Besonderheit der Arbeit gewährt werden (Gefahren-, Schmutzzulagen usw.),
6. Entschädigungen für Nebenämter und Nebenbeschäftigungen im Rahmen eines Dienstverhältnisses.

IV. Will der Arbeitgeber die auf den Arbeitslohn entfallende Lohnsteuer selbst tragen, so hat er für die Berechnung der Lohnsteuer dem Arbeitslohn (Absätze 1 bis 3) die darauf entfallende Lohnsteuer einmal hinzuzurechnen. Erst die nach dem Gesamtbetrag berechnete Lohnsteuer hat der Arbeitgeber abzuführen.

§ 3

Sachbezüge (§ 8 EStG)

I. Zu den Gütern, die in Geldeswert bestehen, gehört insbesondere der Bezug von freier Kleidung, freier Wohnung, Heizung, Beleuchtung, Kost, Deputaten und sonstigen Sachbezügen, die aus einem Dienstverhältnis gewährt werden. Für die Bewertung der Sachbezüge sind die üblichen Mittelpreise des Verbrauchsorts maßgebend.

II. Der Oberfinanzpräsident hat nach näherer Anordnung des Reichsministers der Finanzen für seinen Bezirk nach Fühlungnahme mit den benachbarten Oberfinanzpräsidenten den Wert der Sachbezüge unter Berücksichtigung besonderer örtlicher Verhältnisse festzusetzen und bekanntzugeben. Der Oberfinanzpräsident kann das Finanzamt mit der Festsetzung beauftragen. Sind in einer Tarifordnung oder im Arbeitsvertrag besondere Werte für die Sachbezüge festgesetzt, so gelten diese Werte, wenn sie höher sind, auch für die Lohnsteuer aller Arbeitnehmer, die unter die Tarifordnung oder den Arbeitsvertrag fallen. Die vom Oberfinanzpräsidenten (Finanzamt) festgesetzten Werte sind neu festzusetzen, wenn sie den Verhältnissen nicht mehr entsprechen.

§ 4

Aufwandsentschädigungen, Reisekosten, durchlaufende Gelder (§ 3 Ziffer 14, § 19 Absatz 2 EStG)

Zum steuerpflichtigen Arbeitslohn gehören nicht

1. die aus öffentlichen Kassen für öffentliche Dienste gewährten Aufwandsentschädigungen und Reisekostenentschädigungen. Zu den Aufwandsentschädigungen der im öffentlichen Dienst angestellten Personen gehört auch der ausdrücklich zur Bestreitung des Dienstaufwands bestimmte Teil des Gehalts oder einer Zulage. Im öffentlichen Dienst im Sinne dieser Vorschriften sind Personen angestellt, die sich ausschließlich oder überwiegend mit öffentlich-rechtlichen (hoheitlichen) Aufgaben befassen. Zu den öffentlich-rechtlichen Aufgaben gehören auch die Aufgaben der öffentlich-rechtlichen Religionsgesellschaften. Eine Aufwandsentschädigung liegt insoweit nicht vor, als dem Empfänger ein Aufwand offenbar nicht in der Höhe der gewährten Entschädigung erwächst. Entschädigungen, die für Verdienstausfall und Zeitverlust gezahlt werden, sind steuerpflichtiger Arbeitslohn,

2. die Beträge, die den im privaten Dienst angestellten Personen für Reisekosten (Tagegelder und Fahrtauslagen) gezahlt werden, soweit sie die tatsächlichen Aufwendungen (nach Abzug der durch die Abwesenheit des Arbeitnehmers gemachten Haushaltserspar-

nisse) nicht übersteigen. Diese Voraussetzung ist bei allen Reisekostenentschädigungen erfüllt, die die vollen Sätze der vergleichbaren Beamten nicht übersteigen. Werden diese Sätze überstiegen, so sind die tatsächlichen Reiseaufwendungen dem Finanzamt glaubhaft zu machen. Die glaubhaft gemachten tatsächlichen Reiseaufwendungen sind zur Berücksichtigung der Haushaltsersparnisse bei Ledigen um 40 vom Hundert, bei anderen Arbeitnehmern um 20 vom Hundert des Tagegeldsatzes eines vergleichbaren Beamten zu kürzen. Die Kürzung braucht nicht unter den Betrag durchgeführt zu werden, der den vollen Sätzen eines vergleichbaren Beamten entspricht. Zahlt der Arbeitgeber als Reisekostenentschädigung keinen höheren als den sich hiernach ergebenden Betrag, so gehört die Reisekostenentschädigung nicht zum steuerpflichtigen Arbeitslohn. Zahlt der Arbeitgeber als Reisekostenentschädigung einen höheren Betrag, so gehört der übersteigende Betrag zum steuerpflichtigen Arbeitslohn,

3. die Beträge, die der Arbeitnehmer vom Arbeitgeber erhält, um sie für ihn auszugeben (durchlaufende Gelder, und die Beträge, durch die Auslagen des Arbeitnehmers für den Arbeitgeber ersetzt werden (Auslagenersatz).

§ 5

Jubiläumsgeschenke (§ 13 AD)

I. Zum steuerpflichtigen Arbeitslohn gehören außerdem nicht Jubiläumsgeschenke an Arbeitnehmer, wenn sie:

1. anläßlich eines Arbeitnehmerjubiläums gegeben werden und die Höhe von

a) sechs Monatsbezügen, höchstens aber 3000 RM nicht übersteigen und deshalb gegeben werden, weil der Arbeitnehmer ununterbrochen 25 Jahre bei dem Arbeitgeber beschäftigt war,

b) neun Monatsbezügen, höchstens aber 4500 RM nicht übersteigen und deshalb gegeben werden, weil der

Arbeitnehmer ununterbrochen 40 Jahre bei dem Arbeitgeber beschäftigt war,

c) einem Jahresgehalt, höchstens aber 6000 RM nicht übersteigen und deshalb gegeben werden, weil der Arbeitnehmer ununterbrochen 50 Jahre bei dem Arbeitgeber beschäftigt war;

2. anläßlich eines Firmenjubiläums gegeben werden, bei dem einzelnen Arbeitnehmer einen Monatslohn nicht übersteigen und deshalb gegeben werden, weil die Firma 25, 50 oder ein sonstiges Mehrfaches von 25 Jahren bestanden hat.

II. Liegen nicht alle im Absatz 1 genannten Voraussetzungen vor, so ist der ganze Betrag lohnsteuerpflichtig.

§ 8

Kinderermäßigung (§ 39 Absatz 5 Ziffern 2 bis 4 EStG)

Dem unbeschränkt lohnsteuerpflichtigen Arbeitnehmer (§ 1 Absatz 1) steht für minderjährige Kinder, die zu seinem Haushalt gehören, Kinderermäßigung zu, und zwar auch dann, wenn die Kinder eigene Einkünfte beziehen. Zum Haushalt des Arbeitnehmers gehören minderjährige Kinder dann, wenn sie bei einheitlicher Wirtschaftsführung unter Leitung des Arbeitnehmers dessen Wohnung teilen oder sich mit seiner Einwilligung außerhalb seiner Wohnung nicht zu Erwerbszwecken, sondern zu Zwecken der Erziehung oder Ausbildung, im Inland oder Ausland aufhalten. Leben beide Ehegatten zusammen, so gelten die Kinder als zum gemeinsamen Haushalt gehörig. Kinderermäßigung steht dann, wenn beide Ehegatten in einem Dienstverhältnis stehen, sowohl dem Ehemann als auch der Ehefrau zu. Leben die Ehegatten dauernd getrennt oder sind sie geschieden, so steht die Kinderermäßigung dem Ehegatten zu, zu dessen Haushalt die Kinder gehören. Werden in diesem Fall die Kinder überwiegend auf Kosten des anderen Ehegatten unterhalten und erzogen, so steht auch diesem Ehegatten Kinderermäßigung zu (Absatz 2).

C. Aenderung und Ergänzung der Eintragungen auf der Lohnsteuerkarte

(§§ 17 bis 28)

§ 17

Verbot privater Aenderungen (§ 42 EStG)

I. Die Eintragungen auf der Lohnsteuerkarte dürfen nicht ohne ausdrückliche Befugnis durch den Arbeitnehmer, den Arbeitgeber oder andere Personen geändert oder ergänzt werden.

II. Eintragungen auf der Lohnsteuerkarte, die nachweislich unrichtig sind, sind jederzeit auf Antrag durch die Behörde, die die Eintragung vorgenommen hat, zu ändern.

§ 21

Mehrere Dienstverhältnisse (§ 39 Absatz 8 Ziffer 2, § 41 EStG)

Weist ein Arbeitnehmer, dem eine zweite oder weitere Lohnsteuerkarte ausgeschrieben ist, nach, daß die Werbungskosten (§ 20 Absatz 2) aus dem zweiten oder weiteren Dienstverhältnis und die nicht schon bei der ersten Lohnsteuerkarte berücksichtigten Sonderausgaben (§ 20 Absätze 3 und 4) 39 RM monatlich übersteigen, so hat das Finanzamt den übersteigenden Betrag in entsprechender Anwendung der Vorschrift des § 20 Absatz 1 auf der Lohnsteuerkarte als steuerfrei zu vermerken.

§ 22

Mitverdienende Ehefrau (§ 39 Absatz 8 Ziffer 3, § 41 EStG)

I. Weist die in einem Dienstverhältnis stehende, nicht dauernd vom Ehemann getrennt lebende Ehefrau nach, daß die Werbungskosten (§ 20 Absatz 2) aus dem Dienstverhältnis und die nicht schon bei der Besteuerung des Ehemanns berücksichtigten Sonderausgaben (§ 20 Absätze 3 und 4) 39 RM monatlich übersteigen, so hat das Finanzamt den übersteigenden Betrag in entsprechender Anwendung der Vorschrift des § 20 Absatz 1 auf der Lohnsteuerkarte als steuerfrei zu vermerken.

II. Weist die in einem Dienstverhältnis stehende Ehefrau nach, daß ihr Ehemann Einkünfte von nicht mehr als 600 RM jährlich bezieht oder daß sie vom Ehemann dauernd getrennt lebt, so hat das Finanzamt zu dem Hinzurechnungsvermerk der Gemeindebehörde (§ 14 Absatz 2) auf Antrag auf der Lohnsteuerkarte der Ehefrau folgendes hinzuzusetzen:

„Bei Berechnung der Lohnsteuer ist der in dem Hinzurechnungsvermerk der Gemeindebehörde genannte Betrag dem Arbeitslohn nicht hinzuzurechnen."

Die Ehefrau hat die Berichtigung der Lohnsteuerkarte beim Finanzamt zu beantragen, wenn die Voraussetzungen für diesen Zusatz nicht mehr vorliegen. Kommt sie dieser Verpflichtung nicht nach, so ist die Berichtigung von Amts wegen vorzunehmen. Die Ehefrau hat zu diesem Zweck die Lohnsteuerkarte dem Finanzamt auf Verlangen vorzulegen.

§ 30

Einbehaltung der Lohnsteuer (§ 38 EStG)

I. Der Arbeitgeber hat die Lohnsteuer für Rechnung des Arbeitnehmers bei der Lohnzahlung einzubehalten. Lohnzahlungen sind auch Vorschuß- oder Abschlagszahlungen oder sonstige vorläufige Zahlungen auf erst später fällig werdenden Arbeitslohn.

II. Zahlt der Arbeitgeber seinen Arbeitnehmern den im üblichen Lohnzahlungszeitraum (§ 33) verdienten Arbeitslohn nur in ungefährer Höhe aus (Abschlagszahlung) und nimmt er eine genaue Lohnberechnung erst für einen längeren Zeitraum vor, so kann ihm das Finanzamt auf Antrag gestatten, den Lohnabrechnungszeitraum als Lohnzahlungszeitraum zu betrachten und die Lohnsteuer abweichend von der Vorschrift im Absatz I erst bei der Lohnabrechnung einzubehalten. Die Genehmigung des Antrags darf nur auf Widerruf erfolgen; sie kann davon abhängig gemacht werden, daß der Arbeitgeber innerhalb der im § 41 genannten Fristen Vorauszahlungen auf die auf den Lohnabrechnungszeitraum voraussichtlich entfallende Lohnsteuer leistet.

III. Reichen die dem Arbeitgeber zur Verfügung stehenden Mittel zur Zahlung des vollen vereinbarten Arbeitslohns nicht aus, so hat er die Lohnsteuer von dem tatsächlich zur

Auszahlung gelangenden niedrigeren Betrag zu berechnen und einzubehalten.

IV. Besteht der Arbeitslohn ganz oder teilweise aus Sachbezügen und reicht der Barlohn zur Deckung der unter Berücksichtigung des Werts der Sachbezüge (§ 3) einzubehaltenden Lohnsteuer nicht aus, so hat der Arbeitnehmer dem Arbeitgeber den zur Deckung der Lohnsteuer erforderlichen Betrag, soweit er nicht durch Barlohn gedeckt ist, zu zahlen. Soweit der Arbeitnehmer dieser Verpflichtung nicht nachkommt, hat der Arbeitgeber einen dem Betrag im Wert entsprechenden Teil des Arbeitslohns (der Sachbezüge) nach seinem Ermessen zurückzubehalten und daraus die Lohnsteuer für Rechnung des Arbeitnehmers zu decken.

§ 31

Lohnkonto (§ 12 AD)

Der Arbeitgeber hat am Ort der Betriebsstätte (§ 43) für jeden Arbeitnehmer ein Lohnkonto zu führen. In dem Lohnkonto hat der Arbeitgeber nach den Eintragungen auf der Lohnsteuerkarte des Arbeitnehmers folgendes anzugeben: Name, Beruf, Geburtsdatum, Steuergruppe, Wohnsitz, Wohnung, die Gemeinde und das Finanzamt, in deren Bezirk die Lohnsteuerkarte ausgeschrieben ist, Nummer der Lohnsteuerkarte, Religionsbekenntnis und etwaige Vermerke über hinzuzurechnende (§ 14) oder abzuziehende (§ 27) Beträge. Außerdem sind anzugeben fortlaufend in Reichsmark der gezahlte Arbeitslohn ohne jeden Abzug unter Angabe des Zahltags und des Lohnzahlungszeitraums, und zwar getrennt nach laufenden und nach sonstigen Bezügen (§ 35), Barlohn, Sachbezügen und einbehaltener Lohnsteuer. Auch Bezüge, die nicht zum steuerpflichtigen Arbeitslohn gehören (§§ 4 bis 6), sind im Lohnkonto anzugeben. Das Finanzamt kann aber auf Antrag zulassen, daß die im § 4 bezeichneten Reisekosten, durchlaufenden Gelder und der Auslagenersatz und die im § 6 Ziffern 1 bis 6 und 8 bis 10 bezeichneten Bezüge im Lohnkonto nicht aufgeführt zu werden brauchen, wenn es sich um Fälle von geringer Bedeutung handelt oder wenn die Möglichkeit zur Nachprüfung (§§ 50 u. ff.) in anderer Weise sichergestellt ist. Die Aufzeichnungen sind bis zum Ablauf des dritten auf die Lohnzahlung folgenden Kalenderjahres aufzubewahren.

§ 36

Mehrere Dienstverhältnisse, mitverdienende Ehefrau (§ 26, § 39 Absatz 8 Ziffern 2, 3 EStG)

I. Bezieht ein Arbeitnehmer Arbeitslohn aus mehreren gegenwärtigen oder früheren Dienstverhältnissen gleichzeitig von verschiedenen Arbeitgebern, so ist die Lohnsteuer von jedem Arbeitslohn gesondert zu berechnen, es sei denn, daß der Arbeitslohn aus derselben öffentlichen Kasse, d. h. von demselben Arbeitgeber gezahlt wird (§ 49 Absatz 1 Satz 2). Die Lohnsteuer bei dem Dienstverhältnis, für das die erste Lohnsteuerkarte vorgelegt ist, ist nach § 39 zu berechnen. Bei Berechnung der Lohnsteuer aus dem zweiten oder weiteren Dienstverhältnis ist vor Anwendung des § 34 der Vermerk auf der zweiten oder weiteren Lohnsteuerkarte (§ 14 Absatz 1) zu beachten.

II. Bei der in einem Dienstverhältnis stehenden Ehefrau, die nicht dauernd vom Ehemann getrennt lebt, ist bei Berechnung der Lohnsteuer vor Anwendung des § 34 der Vermerk auf der Lohnsteuerkarte (§ 14 Absatz 2, § 22 Absatz 2) zu beachten.

Anhang H

Vorauszahlungen auf die Einkommensteuer und die Körperschaftsteuer

I. Vorauszahlungen

1. Nach dem Gesetz Nr. 12 des Kontrollrates sind vierteljährliche Vorauszahlungen auf die Einkommensteuer und Körperschaftsteuer für das Kalenderjahr 1946, erstmals am 10. April 1946, zu entrichten.
2. Von der Pflicht zur Leistung von Vorauszahlungen befreit sind Personen, deren Einkommen deshalb nicht veranlagt wird, weil ihr aus nicht selbständiger Arbeit stammendes Jahreseinkommen 24 000 RM nicht erreicht und deren sonstiges steuerpflichtiges Einkommen 600 RM im Jahr nicht übersteigt.
3. Die Höhe der Vorauszahlung bemißt sich nicht nach dem letzten Veranlagungsbescheid oder einem später ergange-

nen Vorauszahlungsbescheid, sondern nach dem Einkommen, das in der Zeit vom 1. Januar 1946 bis 31. März 1946 erzielt worden ist. Die Steuerpflichtigen haben unter Zugrundelegung dieses Einkommens die Vorauszahlung selbst zu errechnen und an die zuständige Finanzkasse abzuführen.

4. Eine amtliche Vierteljahresvorauszahlungstabelle für die Einkommensteuer wird Ende März erscheinen und im Einzelhandel erhältlich sein. Der Körperschaftsteuertarif ergibt sich aus der Anlage C zum Gesetz Nr. 12. Ueber Zweifelsfragen erteilen die Finanzämter Auskunft.

II. Vierteljährliche Erklärung

1. Gleichzeitig mit der Vorauszahlung haben die Steuerpflichtigen am 10. April 1946 eine vierteljährliche Erklärung abzugeben, in der sie angeben müssen, wie sie die Vorauszahlung berechnet haben.

2. Von der Verpflichtung zur Abgabe der vierteljährlichen Erklärung sind — außer den in Abschnitt 1 Ziffer 2 bezeichneten Personen — befreit

   a) nichtbuchführende Land- und Forstwirte, deren Gewinn gemäß Verordnung vom 31. Dezember 1936 (RGBl. 1937 I S. 1) nach Durchschnittssätzen zu ermitteln ist, und

   b) Personen, deren Einkommen für das vorhergehende Kalendervierteljahr 1000 RM nicht überstiegen hat.

   Die in a und b bezeichneten Personen sind zwar von der Pflicht zur Abgabe der vierteljährlichen Erklärung, nicht aber von der Pflicht zur Leistung der vierteljährlichen Vorauszahlung befreit.

3. Personen, die hiernach zur Abgabe der vierteljährlichen Erklärung verpflichtet sind, denen aber bis zum 5. April 1946 ein Erklärungsvordruck vom Finanzamt nicht zugesandt worden ist, haben sich den Vordruck bei ihrem zuständigen Finanzamt abzuholen. Dem Vordruck ist eine Anleitung zur Ausfüllung beigefügt.

III.

Ergibt die nach Ablauf des Kalenderjahres vorgenommene Jahresveranlagung, daß eine vierteljährliche Vorauszahlung 25 Prozent oder mehr unter dem Betrag liegt, der bei zutreffender Berechnung des Vierteljahreseinkommens und der Vierteljahresvorauszahlung zu entrichten gewesen wäre, so muß der Steuerpflichtige als Strafe eine zusätzliche Steuer zahlen, die sich auf 15 Prozent der endgültig für das betreffende Vierteljahr errechneten Summe beläuft.

Berlin, den 14. März 1946.

Der Magistrat der Stadt Berlin
Finanzabteilung

Anhang J

Anleitung
zur Ausfüllung der vierteljährlichen Erklärung für die Berechnung der Einkommensteuervorauszahlung am 10. April 1946

I. Vorbemerkung.

1. Nach Artikel XVI des Gesetzes Nr. 12 des Kontrollrats vom 11. Februar 1946 sind Vorauszahlungen auf die Einkommensteuer am 10. April, 10. Juli, 10. Oktober und 10. Januar zu entrichten. Die Grundlage für die Berechnung der Vorauszahlungen bildet für jedes Vierteljahr das Einkommen des vorhergehenden Vierteljahres. Gleichzeitig mit der Vorauszahlung hat der Steuerpflichtige eine „vierteljährliche Erklärung“ abzugeben, in der er angeben muß, wie er die Vorauszahlung berechnet hat.

   Von der Verpflichtung zur Abgabe der „vierteljährlichen Erklärung“ sind befreit

   a) nichtbuchführende Land- und Forstwirte, deren Gewinn gemäß Verordnung vom 31. Dezember 1936 nach Durchschnittssätzen zu ermitteln ist,

   b) Personen, deren Einkommen für das vorhergehende Vierteljahr 1000 RM nicht übersteigt,

c) Personen, deren Einkommensteuer deshalb nicht veranlagt wird, weil ihr aus nichtselbständiger Arbeit stammendes Jahreseinkommen 24 000 RM nicht erreicht und deren sonstiges steuerpflichtiges Einkommen 600 RM im Jahre nicht übersteigt.

Die in Absatz 2 unter a und b fallenden Personen sind zwar von der Pflicht zur Abgabe vierteljährlicher Erklärungen, aber nicht von der Pflicht zur Entrichtung vierteljährlicher Vorauszahlungen befreit.

II. Personen, Familienstand und Steuerklasse.

2. Beruf und Art der Tätigkeit sind genau anzugeben, z. B. nicht Kaufmann oder Händler, sondern Gemüsegroßhändler, Einzelhändler mit Lebensmitteln, Zigarrenfabrikant usw.

3. Kinderermäßigung kann dem unbeschränkt Steuerpflichtigen für Kinder wegen „Haushaltszugehörigkeit" oder wegen „Kostenübernahme" gewährt werden.

a) Kinderermäßigung wegen Haushaltszugehörigkeit wird gewährt, wenn das Kind im Kalenderjahr 1946 mindestens vier Monate zum Haushalt des Steuerpflichtigen gehört und in dieser Zeit das 16. Lebensjahr noch nicht vollendet hat.

b) Kinderermäßigung wegen Kostenübernahme wird gewährt, wenn das Kind im Kalenderjahr 1946

aa) während einer Zeit von mindestens vier Monaten hauptsächlich auf Kosten des Steuerpflichtigen unterhalten und erzogen wird und während dieser vier Monate das 16. Lebensjahr noch nicht vollendet,

bb) mindestens vier Monate eine vom Kontrollrat oder dem zuständigen Zonenbefehlshaber genehmigte Unterrichtsanstalt besucht, während dieser Zeit hauptsächlich vom Steuerpflichtigen unterhalten wird und im Kalenderjahre 1946 das 21. Lebensjahr noch nicht vollendet.

c) Kinder sind eheliche Kinder, eheliche Stiefkinder, für ehelich erklärte Kinder, uneheliche Kinder (jedoch nur im Verhältnis zur leiblichen Mutter) und Pflegekinder.

4. Die Steuerpflichtigen sind für die Anwendung der Einkommensteuertabelle in drei Steuerklassen eingeteilt.

a) Steuerklasse I umfaßt diejenigen Personen, die weder zu Beginn des Steuerjahres (1. Januar 1946) verheiratet waren noch im Laufe des Kalenderjahres 1946 mindestens vier Monate verheiratet sind. Personen, die unter die unten aufgeführten Steuerklassen II und III fallen, gehören nicht zur Steuerklasse I.

b) Zur Steuerklasse II gehören folgende Personen, soweit sie nicht in der Steuerklasse III einbegriffen sind:

aa) Personen, die zu Beginn des Steuerjahres (1. Januar 1946) verheiratet waren oder mehr als vier Monate im Kalenderjahr 1946 verheiratet sind,

bb) unverheiratete Personen, die mindestens vier Monate vor Ablauf des Kalenderjahres 1946 das 65. Lebensjahr erreichen.

c) Steuerklasse III umfaßt diejenigen Personen, denen Kinderermäßigung zusteht oder auf Antrag gewährt wird (siehe oben Ziffer 3).

III. Einkünfte, Einkommen.

5. Die am 10. April 1946 fällige Einkommensteuervorauszahlung ist unter Zugrundelegung des Einkommens zu berechnen, das der Steuerpflichtige in der Zeit vom 1. Januar 1946 bis zum 31. März 1946 erzielt hat.

Zu dem Einkommen des Steuerpflichtigen zählen auch die Einkünfte, die seine nicht dauernd von ihm getrennt lebende Ehefrau sowie seine zum Haushalt gehörenden Kinder bezogen haben, sofern ihm für die Kinder Ermäßigung zusteht (siehe oben Ziffer 3). Einkünfte aus nichtselbständiger Arbeit, die die Ehefrau oder die Kinder in einem dem Steuerpflichtigen fremden Betrieb aus einem gegenwärtigen Arbeitsverhältnis beziehen, bleiben außer Betracht.

6. Die in § 3 EStG aufgeführten steuerfreien Einkünfte sind nur noch dann steuerbefreit, wenn es sich um Bezüge folgender Art handelt:
   a) Bezüge aus der Sozialversicherung,
   b) Ruhegehälter,
   c) Bezüge aus der öffentlichen Fürsorge, soweit diese Bezüge von dem Kontrollrat oder dem zuständigen Zonenbefehlshaber genehmigt sind.

   Ruhegehälter, die außerhalb des Rahmens des § 3 EStG gezahlt werden, sind steuerpflichtig.

   Die aus öffentlichen Kassen gezahlten Dienstaufwandsentschädigungen sind nunmehr ebenso wie die Aufwandsentschädigungen, die Angestellte im privaten Dienst von ihrem Arbeitgeber erhalten, grundsätzlich steuerpflichtige Einkünfte aus nichtselbständiger Arbeit. Soweit den Empfängern ein dienstlicher Aufwand tatsächlich erwächst, können sie ihn als Werbungskosten geltend machen.

   Aus öffentlichen Kassen gezahlte Reisekosten sind nur insoweit steuerfreie Einnahmen, als sie die tatsächlichen Aufwendungen nicht übersteigen. Sie werden ohne weiteren Nachweis als steuerfrei anerkannt, wenn sie die Sätze des Gesetzes über die Reisekostenvergütungen der Beamten nicht übersteigen.

7. Bei der Berechnung des Einkommens dürfen Verluste, die aus folgenden Ursachen entstanden sind, weder als Gewinnminderung noch in sonstiger Weise (etwa durch Absetzung für außergewöhnliche Abnutzung) berücksichtigt werden:
   a) Wehrmachtsaufträge,
   b) öffentliche Schuld,
   c) durch den Krieg verursachte Zerstörungen oder Beschädigungen,
   d) Steuergutscheine.

8. Die in § 9 Ziffer 3 EStG angeführten Beiträge zu Berufsständen und sonstigen Berufsverbänden und die in § 9 Ziffer 4 EStG angeführten Aufwendungen für Fahrten zwischen Wohnung und Arbeitsstätte sind als Werbungskosten nicht mehr abzugsfähig.

9. Sofern Land- und Forstwirte ihren im 1. Kalendervierteljahr 1946 erzielten Gewinn in anderer Weise ermitteln als dies im Erklärungsvordruck vorgesehen ist, ist die Gewinnberechnung in einer Anlage zum Erklärungsvordruck darzustellen. Geschätzte Gewinnberechnungsposten sind als solche stets zu kennzeichnen.

Land- und Forstwirten wird in Abweichung von § 13 Absatz 3 EStG ein Freibetrag nur noch dann gewährt, wenn ihr Jahreseinkommen 6000 RM (Vierteljahreseinkommen 1500 RM) nicht übersteigt. Der Freibetrag beträgt regelmäßig jährlich 1000 RM (vierteljährlich 250 RM), nicht mehr — wie bisher — 3000 RM.

10. Sofern Gewerbetreibende ihren im 1. Kalendervierteljahr 1946 erzielten Gewinn in anderer Weise ermitteln als dies im Erklärungsvordruck vorgesehen ist, ist die Gewinnberechnung in einer Anlage zum Erklärungsvordruck darzustellen. Geschätzte Gewinnberechnungsposten sind als solche stets zu kennzeichnen.

Der Gewinn der Handelsmakler, Handlungsagenten, Kommissionäre, Frachtführer, Lagerhalter, Spediteure und Buchmacher wird regelmäßig als Ueberschuß der Betriebseinnahmen über die Betriebsausgaben ermittelt werden können. Das gilt auch für die Einkünfte der Bücherrevisoren, Steuerberater und Wirtschaftsprüfer unabhängig davon, ob sie nach Lage des einzelnen Falles Einkünfte aus selbständiger Arbeit oder aus Gewerbebetrieb sind.

11. Gewinne, die durch Veräußerung eines landwirtschaftlichen oder gewerblichen Betriebes (Teilbetriebes) — §§ 14, 16 EStG — oder durch Veräußerung einer wesentlichen Beteiligung — § 17 EStG — entstanden sind, sind jetzt auch dann steuerpflichtig, wenn sie die in § 14 Absatz 2, § 16 Absatz 4, § 17 Absatz 3 EStG bezeichneten Grenzen nicht überstiegen haben. Auch die bisher in § 34 Absatz 2 Ziffer 2 EStG vorgesehene tarifmäßige Begünstigung dieser Gewinne ist in Fortfall gekommen.

12. Zu den freien Berufen (Abschnitt B, Ziffer 3, Buchstabe a des Erklärungsvordrucks) gehören insbesondere

die wissenschaftliche, künstlerische, schriftstellerische, unterrichtende oder erzieherische Tätigkeit, die Berufstätigkeit der Aerzte, Rechtsanwälte und Notare, der Ingenieure, der Architekten, der Handelschemiker, der Heilpraktiker, der Dentisten, der Landmesser, der Wirtschaftsprüfer, der Steuerberater, der Buchsachverständigen und ähnlicher Berufe.

Vergütungen für die Tätigkeit als Aufsichtsratsmitglied sind in der Erklärung (Abschnitt B Ziffer 3 Buchstabe b) mit dem Bruttobetrag anzusetzen. Sie sind um den von ihnen einbehaltenen Steuerabzug, der an die Stelle der fortgefallenen Abgabe der Aufsichtsratsmitglieder getreten ist, nicht zu kürzen. Der einbehaltene Steuerabzug wird auf die zu entrichtende Einkommensteuer angerechnet.

13. Bei der Berechnung des Ueberschusses aus Vermietung und Verpachtung gilt für die Berechnung des Nutzungswertes der Wohnung im eigenen Einfamilienhaus die VO. vom 26. Januar 1937 (RGBl I S. 99) mit der Maßgabe, daß von dem daselbst vorgesehenen Grundbetrag bei in Berlin gelegenen Grundstücken die im Vorauszahlungszeitraum auf die Gebäudeinstandsetzungsabgabe tatsächlich entrichteten Beträge abzusetzen sind.

14. Die in § 10 Absatz 1 Ziffer 2 EStG aufgeführten Beiträge und Prämien zu Versicherungen sind als Sonderausgaben nur noch dann abzugsfähig, wenn es sich um Beiträge zu Sozialversicherungen handelt, deren Abzug vom Lohn gesetzlich zulässig ist. Die in § 10 Absatz 1 Ziffer 3 EStG aufgeführten Beiträge an Bausparkassen sind als Sonderausgaben nicht mehr abzugsfähig.

Zum Abzug als Sonderausgabe neu zugelassen ist bezahlte Vermögensteuer. Die Abzüge für Sozialversicherung und bezahlte Vermögensteuer dürfen jedoch zusammen den Betrag von 300 RM jährlich (75 RM vierteljährlich) nicht übersteigen. Dieser Betrag erhöht sich für die Ehefrau des Steuerpflichtigen und für jeden mit ihm zusammen zu veranlagenden Angehörigen im Sinne des § 10 Ziffer 3 bis 6 des Steueranpassungsgesetzes um je 300 RM (75 RM vierteljährlich).

IV. Berechnung des Vorauszahlungsbetrags

15. Die Vierteljahresvorauszahlung errechnet sich nach der — im Handel erhältlichen — amtlichen Einkommensteuervorauszahlungstabelle. In die Tabelle sind die Freibeträge für den Familienstand bereits eingearbeitet.

Vor Anwendung der Tabelle ist das steuerpflichtige Vierteljahreseinkommen um 10 % der Einkünfte aus freier Berufstätigkeit (B 3 a des Erklärungsvordrucks) und aus nichtselbständiger Arbeit (B 4 des Erklärungsvordrucks), höchstens aber um 250 RM zu kürzen.

16. Ergibt die nach Ablauf des Kalenderjahres vorgenommene Jahresveranlagung, daß eine vierteljährliche Vorauszahlung 25 % oder mehr unter dem Betrag liegt, der bei zutreffender Berechnung des Vierteljahreseinkommens und der Vierteljahresvorauszahlung zu entrichten gewesen wäre, so muß der Steuerpflichtige als Strafe eine zusätzliche Steuer zahlen, die sich auf 15 % der endgültig für das betreffende Vierteljahr errechneten Summe beläuft.

Das Finanzamt kann aber die Richtigkeit der vom Steuerpflichtigen in seiner vierteljährlichen Erklärung über sein Einkommen gemachten Ausgaben auch sofort nachprüfen und eine neue Berechnung der Vorauszahlung vornehmen, ohne das Jahresende und die Abgabe der jährlichen Einkommensteuererklärung abzuwarten.

Sachverzeichnis

(Die Ziffern ohne Zusatz bezeichnen die Paragraphen des Gesetzes,
die Ziffern mit dem Zusatz EStDV die Paragraphen der Einkommensteuer-Durchführungsverordnung,
die Ziffern mit dem Zusatz EStR 41 bzw. 43 die Abschnitte der Einkommensteuer-Richtlinien 1941 bzw. 1943,
die Ziffern mit dem Zusatz Erl. die Erläuterungen zu den einzelnen Paragraphen des Gesetzes.)

A

B

N

P

R

S

Kolibri 360 GmbH
Ferdinand-Jühlke-Straße 7
99095 Erfurt, Deutschland
produktsicherheit@kolibri360.de